Arnt Cobbers
Günter Schneider (Fotos)

# Architektur in Berlin



Die 500 bedeutendsten Bauwerke aus allen Epochen

Jaron Verlag

*Vordere Umschlagseite: Pei-Anbau des Deutschen Historischen Museums*
*Vordere Umschlagseite innen: Beisheim-Center am Potsdamer Platz*
*S. 4: Spiegelung der Matthäuskirche in der Neuen Nationalgalerie*
*Hintere Umschlagseite: Kronprinzenpalais, Marie-Elisabeth-Lüders-Haus, Bauhausarchiv, Beisheim-Center am Potsdamer Platz, SAP-Haus, Belvedere im Schlosspark Charlottenburg*

Originalausgabe
1. Auflage 2004

Foto S. 36 unten: Tobias Buddensieg, Berlin
Karte: Matthias Frach, Berlin
Umschlaggestaltung: Atelier Kattner, Berlin, unter Verwendung eines Fotos von Günter Schneider
Satz und Layout: Prill Partners | producing, Berlin
Lithographie: LVD GmbH, Berlin
Druck und Bindung: Westermann Druck Zwickau

ISBN 3-89773-505-9

# Inhalt

# Die Berliner Architektur

Berlin ist eine junge Stadt – verglichen mit anderen europäischen Metropolen. Erst Ende des 12. Jahrhunderts siedelten die ersten Händler zu beiden Seiten einer Furt durch die Spree. Aus den Brückenköpfen entstanden zwei Städte – Berlin und Kölln –, die innerhalb weniger Jahrzehnte zu den führenden Handelsplätzen der Mark Brandenburg aufstiegen. Die Doppelstadt wurde Mitglied der Hanse, im 15. Jahrhundert Hauptresidenz der brandenburgischen Kurfürsten und 1701 schließlich Hauptstadt eines Königreichs, das rasch eine führende Stimme im »Konzert der europäischen Großmächte« übernahm.

War das mittelalterliche Stadtbild schon im Dreißigjährigen Krieg und beim folgenden Wiederauf- und Ausbau zur barocken Festung weitgehend verschwunden, so ließ der neue König Friedrich I. seine »Haupt- und Residenzstadt«, zu der Berlin, Kölln und die drei barocken Stadterweiterungen 1709 vereinigt wurden, prächtig ausbauen. Aus seiner und der Regierungszeit Friedrichs d. Gr. (1740–86) stammen die meisten der großen Barockbauten Berlins. Architektonische Blütejahre erlebte Berlin nach den gewonnenen Freiheitskriegen ab 1815, in denen Karl Friedrich Schinkel das Baugeschehen dominierte. Auf den Klassizismus, der auch unter Schinkels Schülern noch prächtig gedieh, folgte der Historismus, jene Zeit ab etwa 1870, in der das Berlin der Gründerzeit zur weitläufigen »Stadt der Mietskasernen« wuchs.

Mit großen Siedlungen und bedeutenden Einzelbauten wurde Berlin in den 20er Jahren des 20. Jahrhunderts zum weltweit wichtigsten Bauplatz der »Klassischen Moderne«, bevor das Pendel zum Neoklassizismus der NS-Zeit zurückschlug. Nach den verheerenden Zerstörungen des Zweiten Weltkriegs knüpfte man im Westen an die Tradition der Moderne, im Osten an die Schinkel-Zeit an, bevor auch hier der Schwenk zum »International Style« erfolgte. Seit Anfang der 80er erlebt Berlins Bauszene nun eine erneute Blüte – angefacht zunächst durch die Internationale Bauausstellung im Westteil, nach 1989 durch die Wiedervereinigung der Stadt und die alt-neue Hauptstadtfunktion. All diese architektonischen Schichten, das Alte und das Neue, prallen in Berlin oft hart aufeinander. Gerade das ist es, was die Architektur Berlins so spannend macht.

So will dieses Buch dem Leser ein Leitfaden sein für Entdeckungsreisen durch eine spannende Stadt. Die bedeutendsten Bauwerke der Stadt haben wir zu zwölf Spaziergängen und einigen Abstechern in die Außenbezirke zusammengefasst. Alle wichtigsten Gebäude der Stadt werden in ihrem städtebaulichen Kontext präsentiert.

Tour 1

# Alt-Berlin und Kölln

**Rotes Rathaus**, *Rathausstraße 15*

Das Berliner Rathaus, wegen seines Baumaterials auch Rotes Rathaus genannt, ist seit 1869 Sitz der Stadtregierung. Als 1861 der Bau begann, musste zunächst ein dicht bebautes Stadtviertel abgerissen werden, darunter auch das alte Rathaus. 99 mal 88 Meter misst die Grundfläche der Vierflügelanlage, in deren Innern sich drei Innenhöfe verbergen. Der Architekt **Friedrich Waesemann** orientierte sich mit dem fast wehrhaften Außenbau und dem stumpfen, 74 Meter hohen Turm an den Rathäusern Italiens und Flanderns. Der Terrakottafries stellt auf 36 Tafeln die Berliner Geschichte bis 1871 dar. Die Innenräume wurden nach dem Krieg meist modern gestaltet.

**Marienkirche**, *Karl-Liebknecht-Straße 8*

Genaue Baudaten kennt man nicht, aber 1294 muss die Pfarrkirche der Neustadt, deren Bautyp auf die Bettelordenskirchen zurückgeht, benutzbar gewesen sein. Die schräg gestellten Strebepfeiler im Westteil des Außenbaus zeigen, dass der urtümlicher wirkende Westteil jünger ist. Der Turm stammt aus dem 15. Jahrhundert, der kupferne Aufsatz von 1789/90 (**C.G. Langhans**). Die Südansicht mit den vier gleichförmigen Giebeln entstand unter Einbeziehung der mittelalterlichen Sakristei erst 1893. Im Innern beeindrucken die prächtige Kanzel von **Andreas Schlüter** (1703), die Orgel (1720–23) und der Totentanz in der Turmhalle (Ende des 15. Jahrhunderts).

Auf dem Areal zwischen Spree und Stadtbahn erstreckte sich einst das mittelalterliche Berlin. Der erste sozialistische Staat auf deutschem Boden brauchte nach 1945 als Hauptstadt jedoch eine sozialistische Stadt. Und da hatte es der Zweite Weltkrieg den Stadtplanern leicht gemacht. Was nicht schon durch Bomben zerstört war, wurde kurzerhand abgeräumt; das Straßenraster, das sich seit dem Mittelalter erhalten hatte, wurde in weiten Teilen aufgehoben. Auf dem seit fast 800 Jahren bebauten Gebiet nördlich der Rathausstraße haben kaum ein Dutzend Gebäude die Kriegs- und Nachkriegszeit überstanden, ganze zwei Bauten sind älter als 150 Jahre: die *Marienkirche*

Heiliggeistkapelle, *Spandauer Straße 1*

Der einschiffige Backsteinbau ist der letzte erhaltene Bauteil des Heiliggeistspitals, das 1272 erstmals erwähnt ist und bis 1886 als Kranken- und Armenhaus diente. 1905/06 wurde die Kapelle in den Neubau der Handelshochschule (von **Cremer & Wolffenstein**) einbezogen. Die Schmuckseite ist zur Spandauer Straße gerichtet. Das Giebelfeld ist über einem Vierpassfries u.a. mit wimpergbekrönten Blendarkaden geschmückt. Ihr heutiges Aussehen erhielt die Kapelle wohl um 1390, das schöne Sterngewölbe im Innern stammt vermutlich aus der Zeit um 1520. Seit 2002 wird die Kapelle, die lange als studentische Caféteria diente, behutsam saniert.

**DomAquarée**, *Karl-Liebknecht-Straße 1*

An der Stelle des Palast-Hotels, eines für die 70er Jahre der DDR typischen Beton- und Spiegelglaskomplexes, entstand 2001-04 nach Plänen von **Sergei Tchoban**, **Wolfgang Nietz**, **A. M. Prasch**, **Peter Sigl** und **Ekkehard Voss** ein vierteiliges Hotel-, Büro- und Wohnbauensemble. Zur Karl-Liebknecht-Straße orientieren sich zwei natursteinverkleidete achtgeschossige Bauten, zwischen denen eine gebäudehohe überdachte Passage ins Blockinnere führt. Den Eingang säumen zwei aus ganzen Baumstämmen gehauene Figuren von **Stefan Balkenhol**. Im Innenhof des Hotels *Radisson SAS* steht ein 30 Meter hohes Aquarium, durch das ein Fahrstuhl nach oben fährt.

**Nikolaikirche**, *Nikolaikirchplatz*

Wohl um 1230 entstand der erste Steinbau, von dem noch der granitene Unterbau des Westbaus erhalten ist. Der Hallumgangschor wurde in den 1370er Jahren begonnen, vermutlich aber erst nach 1400 vollendet. Mitte des 15. Jahrhunderts entstanden das heutige Langhaus, der nördliche Choranbau und die Liebfrauenkapelle. Der neugotische Turmaufbau mit den zwei spitzen Helmen stammt von 1876-78 (**Hermann Blankenstein**). Die Farbigkeit des Gewölbes hat man beim Wiederaufbau 1987 aus den wenigen Gewölberesten rekonstruiert. Die Zickzack- und (gedrehten) Taustäbe an der Chorwand und die Brechung in derart viele Wandabschnitte sind einzigartig in der Region.

und die *Heiliggeistkapelle*. 1965–72 entstand das riesige »Forum«, das von 42 Meter hohen Wohn- und Geschäftshäusern (mit über 1300 Wohnungen), dem *Roten Rathaus* und dem Nikolaiviertel eingerahmt wird. Auf die Freifläche stellte man den *Fernsehturm* samt Umbauung, im Achsenkreuz von Turm und Rathaus den Neptunbrunnen (1888–91 von Reinhold Begas), der ursprünglich vor dem Stadtschloss stand. Und wie ein Relikt aus alten Zeiten erscheint die gotische Marienkirche, die sich einst über die kleinen Häuser ringsumher erhob. Ihre Westfront beschirmte den Neuen Markt, den zentralen Platz der rasterförmig angelegten Neustadt. Denn schon im 13. Jahr-

**Knoblauchhaus**, *Poststraße 23*

Anfang des 19. Jahrhunderts erhielt der dreigeschossige Putzbau (1759-61) seine frühklassizistische Fassade, erkennbar am Rankenfries und den Fensterformen. Im Innern hat sich jedoch die barocke Raumanordnung um ein zentrales Treppenhaus erhalten. Die Familie Knoblauch hatte die Räume im ersten Stock seit 1859 als Familienmuseum unverändert belassen und nur noch das zweite Geschoss bewohnt. 1918 musste das Museum jedoch geschlossen werden, um dringend benötigten Wohnraum zu schaffen. Seit 1989 dokumentieren die Räume – als Teil der Stiftung Stadtmuseum – beispielhaft ein Stück Wohn- und Sozialgeschichte des Biedermeier.

**Zum Nussbaum**, *Propststraße*

Der malerische Bau ist eine originalgetreue Kopie jenes Hauses, das in der Köllner Fischerstraße stand und als ältestes Gasthaus Berlins 1943 bei einem Bombenangriff zerstört wurde. Bekannt war es zuletzt vor allem als Stammkneipe des Zeichners Heinrich Zille. Die *Theodor-Fontane-Apotheke* an der Ecke Poststraße/Propststraße ist eine in den Proportionen veränderte Kopie eines Hauses, das an der nächsten Straßenecke stand. Und die *Gerichtslaube* (Poststraße 28) ist die Rekonstruktion eines Gebäudes, das ursprünglich am Ort des heutigen Rathauses stand. Ein ganz freier Entwurf ist die idyllische Häuserzeile am Nikolaikirchplatz.

**Ephraimpalais**, *Poststraße 16*

Die »schönste Ecke« Berlins wurde beim Umbau des Molkenmarkts 1936 abgerissen, die Fassadenteile wurden für einen Wiederaufbau eingelagert, zu dem es aber erst 1985–87 kam – zwölf Meter nördlich des alten Standorts. 1762 ersteigerte der reiche Bankier Veitel Heine Ephraim eine ältere Apotheke und ließ sie von **Friedrich Wilhelm Diterichs** völlig umbauen und mit einer neuen Fassade versehen. Schwierig war die Aufgabe durch den stumpfen Winkel, in dem die beiden Gebäudeflügel aufeinanderstoßen. Diterichs löste das Problem im Innern durch zwei hintereinander liegende Ovalräume. Das Ephraimpalais wird heute als Ausstellungshaus genutzt.

hundert wurde das florierende Berlin beträchtlich erweitert. • Die Keimzelle Berlins bildete ein Übergang über die Spree am Ort des heutigen Mühlendamms. Zu beiden Seiten entstanden Ende des 12. Jahrhunderts Handelsplätze, aus denen binnen weniger Jahrzehnte die Städte Berlin und Kölln erwuchsen. Und bereits um 1200 wurde die erste hölzerne Kirche Berlins errichtet, *St. Nikolai*, dem Patron der Kaufleute geweiht. In einer zufällig erhaltenen Urkunde von 1237 wird als Zeuge Symeon, Pfarrer von Kölln, genannt, und darauf gründeten die 750-Jahr-Feiern 1987. 1244 ist der gleiche Symeon Propst von Berlin – hier wird der Stadtname erstmals genannt. Nach

**Münze**, *Molkenmarkt 1-3*

Der neoklassizistische Neubau der Münze entstand 1936-42, nachdem das Armenviertel »Krögel« abgerissen worden war. Die schlichte, streng symmetrisch aufgebaute Putzfassade zum Mühlendamm ist durch eine Kopie des Frieses geschmückt, den **Gottfried Schadow** um 1800 für die 1886 abgerissene Alte Münze entworfen hatte. Zur Münze gehörte ursprünglich auch der linker Hand angrenzende Teil mit dem *Palais Schwerin* und der langgestreckte Bauteil längs des Spreeufers, an den sich ein ehemaliger Wohntrakt anschließt. Im Zentrum des Komplexes befand sich die eigentliche Münzprägeanstalt. Noch heute werden hier alle Münzen mit dem Buchstaben »A« geprägt.

**Palais Schwerin**, *Molkenmarkt 1-3*

Staatsminister Otto von Schwerin ließ sich das prächtige Palais 1698-1704 errichten, vermutlich entstand es als Umbau zweier älterer Häuser nach Plänen von **Jean de Bodt**. Der Mittelrisalit trägt - ungewöhnlicherweise - zwei Balkone. Damit sollte kaschiert werden, dass der Eingang bis in die 1930er Jahre asymmetrisch unter dem rechten Balkon lag - wohl durch die Vorgängerbauten bedingt. 1937 wurde der dreigeschossige Putzbau abgetragen, um einige Meter zurückversetzt und in den Komplex der neu erbauten Münze mit einbezogen. Im 19. Jahrhundert diente er als Kriminalgericht und Polizeipräsidium, zu DDR-Zeiten beherbergte er das Kulturministerium.

**Altes Stadthaus**, *Jüdenstraße 34-42*

Als das Rote Rathaus zu klein geworden war, riss man kurzerhand ein ganzes Altstadtviertel mit 32 Grundstücken ab, um Platz für den riesigen Entlastungsbau zu schaffen. Die 1902-11 von **Ludwig Hoffmann** errichtete Vierflügelanlage birgt fünf Innenhöfe und im Zentrum den »Bärensaal« für 1500 Gäste. Über dem Mittelrisaliten der Hauptfassade sitzt der 101 Meter hohe Turm, der an die Dombauten am Gendarmenmarkt erinnert. Ursprünglich war der Komplex ringsum eingebaut; die Freifläche vor der Hauptfassade entstand erst 1935. 1961-90 Sitz des DDR-Ministerrats und des Ministerpräsidenten, amtiert hier heute der Berliner Innensenator.

der Anlage der Neustadt Mitte des 13. Jahrhunderts verlagerte sich das Stadtzentrum nach Norden, doch das Nikolaiviertel blieb weiterhin der Wohnort der alten Patriziergeschlechter. Den Zweiten Weltkrieg überstanden neben der Kirchenruine nur acht Häuser. Die DDR-Planer machten um das Nikolaiviertel viele Jahre einen Bogen. Erst 1980 begann man mit der Rekonstruktion einer »Altstadt«, und zur 750-Jahr-Feier entstand nach Plänen des Wettbewerbssiegers Günter Stahn eine kuriose Mischung aus Neuem, Restauriertem und Rekonstruiertem, aus originalgetreuen wie aus phantasievollen »Adaptionen Alt-Berliner Bürgerhäuser«. 780 Wohnungen, 33 Lä-

**Berliner Wasserbetriebe**, *Stralauer Straße 32*

Der Vorstand der Berliner Wasserbetriebe sitzt in dem 1998-2000 entstandenen Bau, der an das *Palais Schwerin* angrenzt. Es scheint, als hätte der Architekt **Christoph Langhof** die »schuppige« Fassadenstruktur einer Fischhaut abgeguckt. Es ist ein rautenförmiger Titanzink, der den fünfgeschossigen Stahlbetonbau umhüllt. Aus dem - bis auf winzige Fenster - geschlossenen und nach oben hin in drei Stufen abgeschrägten Baukörper ragt der Eingangsbereich heraus. Er ist aus granitfarbenem Kunststein ungemein plastisch gestaltet und erinnert stark an die kubistische Architektur der 1910er Jahre. Die Rückfront ist großzügig durchfenstert.

**Berliner Wasserbetriebe**, *Neue Jüdenstraße 1*

Zwei Neubauten von **Joachim Ganz** säumen die Neue Jüdenstraße. Der östliche Bau schließt an einen ebenfalls von den Wasserbetrieben genutzten Altbau an, der aus vier parallel zur Stralauer Straße gestaffelten Bauteilen besteht. Der Neubau schließt den Blockrand zur Neuen Jüdenstraße und bildet gemeinsam mit dem Altbau zwei offene Innenhöfe und ein verglastes Atrium. Eine Brücke über die Neue Jüdenstraße verbindet die beiden Neubauten mit ihren ganz ähnlich gestalteten, horizontal in drei Zonen aufgeteilten Fassaden. Der dreifache Wellenschlag über dem Haupteingang und die gewellten Schutzblenden über den Fenstern deuten auf den Bauherren.

**Parochialkirche**, *Klosterstraße 66*

1612 trat Kurfürst Johann Sigismund zum reformierten Glauben über, doch die »Zweite Reformation« scheiterte, die große Mehrheit der Brandenburger blieb lutherisch. Erst 1695 begann der Bau der ersten reformierten Pfarrkirche Berlins - nur die Domkirche war bereits reformiert. Nach **Johann Arnold Nerings** Tod führte **Martin Grünberg** den Bau 1703 zum Abschluss. Im Turm, 1713/14 nach Plänen von **Jean de Bodt** angefügt, hing das seinerzeit einzige Glockenspiel der Stadt, das ein »Glockenist« bediente. 1944 brannte die Kirche aus, der Turm stürzte ein. Der Innenraum ist seit der Instandsetzung kahl und unverputzt, aber in seiner Monumentalität beeinruckend.

den und 22 Gaststätten umfasste das Ensemble, dessen Straßen heute vor allem von Touristen belebt werden. • Bis zum Zweiten Weltkrieg bewahrte sich das alte Nikolaiviertel seinen urtümlichen Charakter. 1935 jedoch begann der Bau eines neuen Verwaltungsforums rings um den Molkenmarkt. Neben Rotem Rathaus und *Altem Stadthaus* sollten vier weitere Neubauten für die Stadtverwaltung entstehen. Nur zwei wurden bis 1939 erbaut: das Haus an der Klosterstraße 59 und das 1938 fertiggestellte *Neue Stadthaus* (Parochialstraße 1–3). Im fast unversehrt gebliebenen Bau arbeiteten seit 1945 Magistrat und Stadtverordnetenversammlung; noch bis zum 6. September

**Gebr. Tietz**, *Klosterstraße 64*

Das 1904-06 von **Georg Lewy** errichtete Bürohaus ist eines der wenigen erhaltenen Beispiele eines Berliner Jugendstil-Geschäftshauses. Der viergeschossige Bau, hinter dessen Hauptfront sich zwei Hinterhöfe verbergen, ist konstruktiv als Pfeilerbau errichtet, d.h. das Gewicht lastet nicht mehr auf tragenden Wänden, sondern nur auf einzelnen Stützen. Für die Hauptfassade bedeutete das die Möglichkeit, die Mauermasse stark zu reduzieren zugunsten von breiten, hohen Fenstern. Auch das Erdgeschoss war ursprünglich von großen Schaufenstern durchbrochen. Die verbliebene Sandsteinfassade ist mit reichem Figurenschmuck des Jugendstils geschmückt.

**Palais Podewils**, *Klosterstraße 68-70*

Äußerlich originalgetreu wiederaufgebaut wurde nach den schweren Kriegszerstörungen das Palais des Staatsministers Podewils. Das dreigeschossige, streng symmetrisch um eine herausgehobene Mitte aufgebaute Haus war zu DDR-Zeiten als »Haus der jungen Talente« eine der wichtigsten Kulturstätten der Stadt, heute wird es als Kulturhaus »Podewil« genutzt. Errichtet wurde es 1701-04 von **Jean de Bodt**, der 1698, mit 28 Jahren, als Leiter des preußischen Bauwesens nach Berlin berufen worden war. Später wurde der Hugenotte mit mecklenburgischen Vorfahren u.a. Festungskommandant in Wesel und stellvertretender Gouverneur von Dresden, wo er 1745 starb.

**Ruine der Klosterkirche**, *Klosterstraße 73a*

Die Ruine der Klosterkirche ist das letzte Überbleibsel des einst wichtigen Klosters der Franziskaner, die sich nach 1250 hier, in unmittelbarer Nachbarschaft zum »Hohen Haus« der Markgrafen, niedergelassen hatten. Das Kloster wurde 1574 in eine Schule umgewandelt. Die Klosterkirche, eine kreuzrippengewölbte Backsteinbasilika von vier Jochen Länge, wurde um die Mitte des 13. Jahrhunderts errichtet, der einschiffige, zweijochige Chor, dessen Schluss nach Choriner Vorbild über sieben Ecken des Zehnecks gebrochen ist, kam Ende des 13. Jahrhunderts hinzu. Die Architektur der Bettelorden wirkte auch in Berlin vorbildlich für die Stadtpfarrkirchen (*Marienkirche* und *Nikolaikirche*).

1948 tagte hier das Gesamtberliner Parlament. Seit 2001 kommt in diesem Haus die Bezirksverordnetenversammlung des neuen Großbezirks Mitte zusammen. • Das Klosterviertel, heute eine Oase der Ruhe zwischen breiten Schnellstraßen, ist noch heute für viele Berliner ein weißer Fleck auf dem Stadtplan. Zwischen Waisen- und Littenstraße haben sich letzte Reste der alten Berliner Stadtmauer vom Ende des 13. oder Anfang des 14. Jahrhunderts erhalten. Seit dem Ende des 17. Jahrhunderts schmiegten sich dreigeschossige so genannte »Weichhäuser« in geschlossener Reihe an die Stadtmauer. Die vier originalgetreu wiederaufgebauten Häuser beherbergen

**Stadtgericht**, *Littenstraße 12-17*

Das 1896-1904 von **Otto Schmalz** erbaute Stadtgericht war bei Fertigstellung das zweitgrößte Gebäude Berlins nach dem Stadtschloss. Der 207 Meter lange Bau umschloss elf Innenhöfe. 1968 wurde der nördliche Teil abgerissen, weil man die Grunerstraße verbreiterte. Hinter dem Mittelbau mit seiner merkwürdigen Mischung aus Neobarock und Jugendstil, der ursprünglich in der Mitte der Fassade lag, verbirgt sich Berlins wohl schönstes Treppenhaus: Mit seinen geschwungenen Linien im Grund- und im Aufriss, aber auch in seinen Detailformen wie Treppengittern, Bodenplatten und Stukkaturen ist es ein Paradebeispiel des Jugendstils.

**Sozialverband Deutschland**, *Stralauer Straße 62*

Die Hauptverwaltung des SOVD wirkt schon aufgrund ihrer exponierten Lage als besonderer Blickfang. **Siegfried Wernik** vom Berliner Büro **Léon Wohlhage Wernik** entwarf einen kompakten, achtgeschossigen Baukörper, der wie eine Großskulptur anmutet. Den beiden zurückgesetzten Attikageschossen sind engmaschige Metallraster vorgesetzt; die übrigen Geschosse sind mit anthrazitfarbenen Betonplatten verkleidet. Belebt werden die Fassaden durch unterschiedliche Fensterformate und verschiedenfarbige Fensterlaibungen. Im Zentrum des Hauses ist ein Luftraum ausgespart; seine Lage ist durch Einschnitte in den Fassaden der Längsseiten markiert.

**Senatsverwaltung der Finanzen**, *Klosterstraße 59*

Zwei Gebäude teilen sich das langgestreckte Grundstück zwischen Stralauer Straße und Spree. Der ältere Bau (Littenstraße 109) entstand 1906-09 nach Plänen von **Ludwig Hoffmann** als Hauptverwaltung der Städtischen Gaswerke. Ihm wurde das barocke Waisenhaus geopfert. Der viergeschossige Neorenaissancebau wirkt dank der Muschelkalkverkleidung, der gleichmäßig gereihten Kolossalordnung und der sparsamen Bauplastik imposant und nobel. Der zweite, ebenfalls viergeschossige Bau, mit der Hauptfront zur Klosterstraße, zeigt das typische Gesicht der NS-Architektur. Er entstand 1935-39 nach Plänen von **Richard Ermisch** als Bürohaus für Teile der Stadtverwaltung.

heute die urige Gaststätte *Zur letzten Instanz*. Vom Rolandufer geht der Blick über die Spree hinüber zum Märkischen Ufer, zum *Märkischen Museum* und zur Südostspitze der Spreeinsel, der so genannten Fischerinsel. Die *Mühlendammschleuse* vor dem Rolandufer entstand 1936–42, und beim Bau der neuen Brücke verschwand das von alten Fotos bekannte burgartige Sparkassengebäude, das auf dem Mühlendamm mitten im Fluss stand. Von der Brücke aus sieht man flussabwärts auf der linken Seite die massige Rückfront des *Neuen Marstalls*. Genau hier befand sich im Mittelalter der erste Übergang über die Spree. Um 1220 errichtete man einen Damm, der den Fluss

**Niederländische Botschaft**, *Klosterstraße 49/Rolandufer*

Als Sieger eines Ideenwettbewerbs entwickelte der Rotterdamer Avantgarde-Meister **Rem Koolhaas** 1997-2003 einen ungewöhnlichen Baukomplex, der die strikten Berliner Gestaltungsvorgaben einhält und doch unterläuft: Ein L-förmiger, schmaler Baukörper, dessen Außenwände mit engmaschigen Gitterplatten wie mit einem Gazeschleier verhängt sind, umfängt den würfelförmigen gläsernen Bürobau. Dessen Inneres ist nicht in traditionelle Geschosse unterteilt, die einzelnen Räume sind vielmehr auf verschiedenen Ebenen gegeneinander versetzt. Verbunden werden sie durch ein »Trajektsystem« aus Rampen und Treppen, das bis hinauf zum Dachgarten führt.

**Haus der Deutschen Wirtschaft**, *Breite Str. 29/Mühlendamm*

Das Hamburger Büro **Schweger + Partner** errichtete 1997-99 den Neubau, in dem die Wirtschaftsverbände DIHT, BDI und BDA ihren Sitz haben. Um einen zentralen, glasüberdachten Innenhof gruppieren sich die Bauteile der drei Verbände, die sich durch die Fensterformate voneinander absetzen. Im turmartigen Bauteil an der Spree ist der gemeinsame Konferenzsaal untergebracht. Das zurückspringende Dachgeschoss beherbergt Wohnungen. Auf der Ecke gegenüber musste einer der interessantesten DDR-Bauten, die wegen ihres gefalteten Betondachs »Ahornblatt« genannte Ministerratskantine, dem Neubau der *Fischerinselpassage* und des *Novotels* weichen.

**Ribbeckhaus**, *Breite Straße 35*

Das einzige erhaltene Renaissancegebäude des alten Berlin ist gleichzeitig das älteste Wohnhaus der Stadt. 1624 ließen laut Inschrift Hans Georg von Ribbeck und seine Frau Katharina von Brösicke zwei ältere Giebelhäuser zu einem Traufenhaus umbauen. 1803/04 wurde das Haus um ein Stockwerk erhöht, die Renaissancegiebel wurden aber auf königlichen Befehl wieder aufgesetzt. Das reich skulptierte Portal zeigt für die Zeit typisches Ornament, sogenanntes Knorpelwerk, und im Giebel, von Engeln gehalten, die Wappen des Bauherrenpaares. Das Innere des Hauses ist komplett modern und wird u.a. von der Berlin-Abteilung der Stadtbibliothek genutzt.

aufstaute und den Betrieb von Mühlen ermöglichte – und später auch die Umleitung in den schützenden Stadtgraben. Da es keine Schleuse gab, musste sämtliche Fracht umgeladen werden, und das Niederlagsrecht verpflichtete die Händler außerdem, alle Waren vor der Weiterfahrt zunächst zum Verkauf anzubieten – ein kaum zu überschätzendes Privileg, das die Stadt besaß. Seit 1359 ist Berlin als Mitglied der Hanse bezeugt. Spätestens Ende des 14. Jahrhunderts hatte Berlin/Kölln die anderen Städte der Region überflügelt. • In der Doppelstadt bildete Kölln von Anfang an den Juniorpartner, denn es war auf die Spreeinsel beschränkt, deren Nordhälfte zudem sump-

**Neuer Marstall**, *Schlossplatz 7*

Der neobarocke Neue Marstall, errichtet 1896–1902 von **Ernst von Ihne**, wurde nach dem Zweiten Weltkrieg vereinfacht wiederhergestellt. Der Bau bildet eine lange Rückfront zur Spree aus und umfängt von hinten den *Alten Marstall* und das *Ribbeckhaus*. Die für 300 Pferde ausgelegten Ställe längs der Spree wurden 1921 zu Büchermagazinen umgebaut, seitdem werden sie von der Stadtbibliothek genutzt, ebenso wie der Alte Marstall (Breite Straße 36, 1667–70 von **Michael Matthias Smids**), das Ribbeckhaus und der Neubau der *Stadtbibliothek* (1961–66 von **Heinz Mehlan**), dessen Portal von **Fritz Kühn** den Buchstaben »A« in 117 Varianten zeigt.

**Landesvertr. Sachsen, Galgenhaus**, *Brüderstr. 11–12 u. 10*

In der Brüderstraße, die heute durch das ehemalige Staatratsgebäude nach Norden gekappt ist, verbergen sich zwei der ältesten Häuser Berlins: Das *Nicolaihaus* (Brüderstraße 13) stammt im Kern aus dem 17. Jahrhundert, seine heutige Gestalt erhielt es 1709/10. Das Galgenhaus wurde 1688 errichtet, erhielt seine heutige klassizistische Fassade aber bei einem Umbau 1805. Beide Häuser sind heute Dependancen der Stiftung Stadtmuseum und lohnen auch im Innern den Besuch. Das viergeschossige, sandsteinverkleidete Gebäude zwischen ihnen entstand 1905 (von **Reimer & Körte**) als Wohn- und Geschäftshaus und dient heute der Sächsischen Landesvertretung.

**Kaufhaus Hertzog**, *Brüderstraße 26*

Der Altbau an der Ecke Brüderstraße/Scharrenstraße ist der letzte Rest des Kaufhauses Rudolph Hertzog, das einst fast den gesamten Straßenblock mit zahlreichen ehemaligen Bürgerhäusern umfasste. Der von **Gustav Hochgürtel** 1908/09 errichtete Kaufhausbau zeigt neobarocke Formen, das Erdgeschoss öffnet sich zu unterschiedlich großen Schaufenstern. So passte sich der Bau gut in die Umgebung der barocken Bürgerhäuser ein. Schräg gegenüber vermittelt ein kleines Häuserkarree einen Eindruck vom alten Kölln. Einen Blick lohnen die *Gertraudenbrücke* mit einer Plastik von **Rudolf Siemering** und die *Jungfernbrücke*, Berlins letzte Zugbrücke (1798).

fig war. Das doppelt so große Berlin hingegen besaß Ausdehnungsmöglichkeiten. Zwar bildeten beide Städte bereits ab 1307 eine (vom Kurfürsten später wieder aufgelöste) Union – mit einem gemeinsamen Rathaus auf oder an der Langen Brücke –, doch offiziell wurden sie erst 1709 zusammengeschlossen: zur »Haupt- und Residenzstadt Berlin«. Dass sich auf der 1,5 Kilometer langen und bis zu 400 Meter breiten Spreeinsel einst die mittelalterliche Stadt Kölln befand, ist heute nicht mehr erkennbar. Wohl wenige Städte sind so restlos untergegangen wie Berlins Schwesterstadt, deren Name heute auch aus dem normalen Sprachgebrauch verschwunden ist. Zwi-

**Australische Botschaft**, *Wallstraße 76–79*

Die Büros der australischen Botschaft, deren Komplex bis zur Spree reicht, sind im fünfgeschossigen Geschäftsbau an der Wallstraße untergebracht. **Fritz Crzellitzer** errichtete das Haus 1912 und machte es durch die prächtige Majolikafassade zu einem der schönsten Geschäftshäuser dieser Zeit in Berlin. Die Fassade ist dreiteilig aufgebaut, wobei die ersten drei Obergeschosse durch Wandvorlagen mit Ornamenten und Figurenschmuck zusammengefasst sind. In der Wallstraße 70–73 entwarfen **Johanne und Gernot Nalbach** einen Neubau für die Hotelkette *Art'otel* (erbaut 1994–97), der rückseitig an das ebenfalls zum Hotel gehörende *Ermelerhaus* anschließt.

**Märkisches Ufer/Ermelerhaus**, *Märkisches Ufer 8*

Die Häuser am Märkischen Ufer wurden teils wiederhergestellt, in zwei Fällen von anderswo umgesetzt. So stand das Ermelerhaus, mit einem zu DDR-Zeiten berühmten Restaurant, bis in die 60er Jahre an der Breiten Straße. Das barocke Haus erhielt Anfang des 19. Jahrhunderts seine klassizistische Fassade. Der Fries über dem Eingang spielt auf den Bauherren, einen Tabakhändler, an. Im Innern blieb in einigen Räumen die spätbarocke Ausstattung erhalten. Haus Nr. 12 stammt aus der Zeit um 1740. Das Haus Nr. 14 entstand Ende des 19. Jahrhunderts, die Häuser Nr. 16 und 18 (1790 bzw. 1700) bilden gemeinsam das *Otto-Nagel-Haus*.

**Gewerkschaftshaus**, *Wallstraße 61–65*

Beim Bürobau für den Allgemeinen Deutschen Gewerkschaftsbund zeigten **Max Taut** und **Franz Hoffmann** 1922–23 erstmals an einer Fassade »klar ohne unnötige ›Verzierung‹ das quadratische System des Betonbaus« (Taut). Die Felder innerhalb des konstruktiven Betonrasters fachten sie mit Mauerwerk und je zwei stehenden Fenstern aus. Der in den niedrigeren Bauteil eingeschobene Portalrisalit und der zweigeschossige Sitzungssaal bringen mit ihren spitzen Dächern eine expressionistische Note in den Bau. Bei der Erweiterung änderte **Walter Würzbach** 1930–32 das Fassadensystem ab; beide Bauteile sind durch einen Treppenturm voneinander getrennt.

schen Gertrauden- und Scharrenstraße lag das Stadtzentrum mit dem Fischmarkt, dem Rathaus und der Petrikirche, deren letzter Bau, neugotischer Nachfolger der mittelalterlichen Kirche, 1963 nach Kriegsschäden abgerissen wurde. Der Petriplatz ist heute ein gesichtsloser Parkplatz. Die Breite Straße war einst eine der vornehmsten Straßen der Doppelstadt, hier wohnten vor allem hohe Hofbeamte. Der Südteil der Spreeinsel, Fischerinsel genannt (während der nördliche Museumsinsel heißt; vgl. Tour 2: Alte Mitte und nördliche Friedrichstadt), ging größtenteils im Zweiten Weltkrieg unter. Die wenigen erhaltenen Bauten wurden 1965 abgerissen und durch

**Märkisches Museum**, *Am Köllnischen Park 5*

Beim Bau der 1901–07 entstandenen Anlage ließ sich **Ludwig Hoffmann** von der Idee leiten, alle Ausstellungsobjekte in einer jeweils angemessenen Umgebung zu präsentieren. Und da das Märkische Museum ursprünglich die Geschichte der Mark Brandenburg dokumentierte, schuf Hoffmann einen Komplex ganz unterschiedlicher Bauteile, die vielfach konkrete Gebäude zitieren. Im Innern wechseln gotische Gewölbe, Renaissance-Kassettendecken, dunkle holzvertäfelte Gänge und lichte Hallen einander ab. Zudem wurden originale Architekturteile eingebaut, z.B. das monumentale Backsteinportal (1316) vom »Hohen Haus« der Markgrafen in der Klosterstraße.

**Allgemeine Ortskrankenkasse Berlin**, *Rungestraße 3-6*

Das vielgestaltige *Märkische Museum* wird nach Osten und Süden von zwei langen, einheitlichen Fassaden umfangen. Die ehemalige Hauptverwaltung der Allgemeinen Ortskrankenkasse Berlin (AOK) entstand 1930–31. **Albert Gottheiner** blendete dem über 100 Meter langen, sechsgeschossigen Stahlskelettbau eine dunkle Backsteinfassade mit expressionistischem Dekor vor. Durch die stark vortretenden Pfeiler erhält sie einen stark vertikalen Charakter. Die Fassade wird durch zwei verglaste Treppenhäuser beiderseits des höhergezogenen Mittelteils in drei Abschnitte gegliedert. An der Rückseite lag zwischen zwei Flügeln die glasüberwölbte Schalterhalle.

**Senatsverw. für Stadtentwicklung**, *Am Köllnischen Park 3*

**Alfred Messels** Bau für die Landesversicherungsanstalt Berlin entstand 1903/04, zeitgleich mit dem *Märkischen Museum*. Und er fügt dessen Stilkonglomerat eine weitere Facette hinzu. Der geschweifte Giebel über dem leicht vorspringenden Mittelrisaliten, die Kalksteinkartuschen über den Fenstern, die Brüstungen, die Girlanden – all das sind barocke Stilelemente. Durch die strenge Reihung der ornamentlosen, alle vier Geschosse umfassenden Wandvorlagen erhält der aus hellrotem Backstein errichtete Bau jedoch eine moderne Klarheit und Vertikalität. Die drei Mittelachsen des oberen Geschosses öffnen sich zu einer tiefen Loggia.

sechs Wohnhochhäuser inmitten einer Parklandschaft ersetzt. • Südlich der Spree gibt es um die Wallstraße und den Schultze-Delitzsch-Platz zahlreiche interessante Häuser zu entdecken: von klassizistischen Mietshäusern wie an der Wallstraße 86–88 bis zu Miets- und Geschäftshäusern aus der Zeit der Jahrhundertwende. Erwähnt seien als schöne Beispiele das Eckhaus Wallstraße 27 (1913 von Hoeniger & Sedelmeier), die *Wallhöfe* (Wallstraße 23–24, um 1905) und die Gewerbehöfe Neue Grünstraße 17–18 (um 1890). Am südlichen Ufer der Spree, auf dem schmalen Streifen bis zur barocken Festungsanlage, entstand ab 1680 ein neues Stadtviertel: Neukölln am

**Ehemalige Zigarettenfabrik Josetti**, *Rungestraße 22-25*

Der weitläufige Komplex der ehemaligen Zigarettenfabrik Josetti ist ein schönes Beispiel für eine Berliner Gewerbehofanlage. Die mehrfach abgeknickte Straßenfassade wird durch leicht vorspringende, um ein Geschoss erhöhte Risalite und durch das Raster der Stahlkonstruktion geprägt: Pfeiler, Brüstungsfelder und zwischen ihnen Gruppen aus je drei Fenstern. Der Jugendstildekor ist sehr sparsam eingesetzt. Die Hoffassaden sind – auch dies zeittypisch – mit weiß glasierten Ziegeln verblendet und durch grüne Ziegelbänder gegliedert. Mehrere Treppenhäuser und Fahrstühle erschließen die verschiedenen Trakte mit ihren flexibel gestalteten Etagen.

**Jannowitz-Center**, *Brückenstraße 5-6*

Zur Brückenstraße zeigt der 1993-97 vom großen Düsseldorfer Büro **HPP Hentrich-Petschnigg & Partner** errichtete Komplex eine geschlossene Straßenfront, die aus dem Wechsel von Bürotrakten, die zur Straße weitgehend geschlossen sind, und Glaswänden vor den Innenhöfen lebt. Belichtet werden die Büros durch großzügige Fensterbänder zu den Höfen hin. Zur Spree hin endet der Bau mit einem dekonstruktivistischen Knalleffekt: Hier ist ein um zwei Geschosse höherer, dunkel verglaster Bauteil schräg in den Baukörper eingeschoben; eine parallele blaue Scheibe, ein ausschwingendes Flugdach und ein hoher Mast mit einer Uhr verstärken den Effekt.

**Chinesische Botschaft**, *Märkisches Ufer 54*

Der 1984-88 für den DDR-Gewerkschaftsbund FDGB errichtete Bau beherbergt seit 1999, nun silbrig glänzend, die Botschaft der Volksrepublik China. Die Architekten **Norbert Schmidt** und **Jens Ebert** untergliederten den großen Baukörper in einen mittleren Konferenztrakt und niedrigere Bürotrakte zu beiden Seiten, die unterschiedlich gestaltet sind: Im Trakt zur Brückenstraße sind alle Fensterachsen dreiseitig ausgestellt, wodurch der Bau eine starke plastische Wirkung entfaltet. Zudem vermittelt ein zurückgesetztes sechstes Obergeschoss zur Dachschräge. Der Trakt zum Ufer hin ist in zwei wesentlich zurückhaltender gestaltete Baukörper untergliedert.

Wasser, denn das Gelände gehörte zu Kölln. Mehr als zwei Jahrhunderte später fanden die Stadtväter der südlich Berlins gelegenen Großstadt Rixdorf ihren Namen zu provinziell und baten den Kaiser, sich künftig Neukölln nennen zu dürfen, was ihnen 1912 gestattet wurde. Das historische Neukölln umfasste nur zwei parallele Straßen: Neukölln am Ufer und Neukölln am Wall, heute Märkisches Ufer und Wallstraße. Als die Wälle ab 1737 abgetragen wurden, entstand auf den Feldern südlich der Stadt die Köpenicker Vorstadt, die seit 1802 Luisenstadt hieß und heute einen großen Teil des Alt-Bezirks Kreuzberg ausmacht (vgl. Tour 12: Kreuzberg und Friedrichshain).

Tour 2

# Alte Mitte und nördliche Friedrichstadt

**Alte Nationalgalerie**, *Bodestraße 3*

**August Stüler** entwarf den konrinthischen Tempelbau als Festhalle für die Universität. Später modifizierte er seinen Plan für die neugegründete Nationalgalerie. Die Bauarbeiten 1866–76 leitete nach Stülers Tod **Heinrich Strack**, und er entwarf auch die Innenausstattung. Der zwölf Meter hohe Sockel enthält ein Magazin- und Verwaltungsgeschoss sowie ein ursprünglich für Skulpturen vorgesehenes Geschoss, der obere Säulenbau in der Mitte zwei (ursprünglich drei) hohe, durch Oberlichter beleuchtete Räume, um die sich noch einmal zwei Ausstellungsgeschosse legen. Die doppelläufige Freitreppe hat rein repräsentativen Charakter. 1998–2001 wurde der Bau generalsaniert.

**Bodemuseum**, *Am Kupfergraben*

Majestätisch thront das Bodemuseum über dem Zusammenfluss der beiden Spreearme. Seine Kuppel, unter der sich im Innern die Eingangshalle mit der ausschwingenden Treppenanlage und einem Reiterstandbild des Großen Kurfürsten befindet, setzt einen markanten städtebaulichen Akzent. Zwei Brücken führen zum Eingang an der gerundeten Spitze des großen Baublocks. Im Innern entpuppt sich die Anlage als vielteiliger Komplex mit insgesamt fünf Lichthöfen. Erbaut wurde das damalige Kaiser-Friedrich-Museum 1897–1904 vom Lieblingsarchitekten Kaiser Wilhelms II., **Ernst von Ihne**, der 1906 in den Adelsstand erhoben wurde. Das Haus wird bis 2006 generalsaniert.

Die Nordspitze der Spreeinsel wird als Museumsinsel bezeichnet. Dieses Gelände war wegen des sumpfigen Untergrunds unbebaut geblieben; seit dem 17. Jahrhundert schnitten die Befestigungsanlagen mitten hindurch. Nach 1815 erkannte Schinkel das Areal nördlich des Lustgartens als idealen repräsentativen Ort für ein Museum. Man schüttete den alten Festungsgraben zu und errichtete ab 1825 auf Holzpfählen das »Königliche Museum«, das jedoch bald schon viel zu klein war. So entschied Friedrich Wilhelm IV., »die ganze Spree-Insel hinter dem Museum zu einer Freistätte der Kunst und der Wissenschaft umzuschaffen«. Den Generalplan entwarf August Stüler, 1843 be-

**Pergamonmuseum**, *Am Kupfergraben*

Der Architekt **Alfred Messel** starb noch vor Baubeginn, und so leitete sein Schulfreund **Ludwig Hoffmann** die Arbeiten, die sich von 1912 bis 1930 hinzogen und doch unvollendet blieben. Geplant waren u.a. eine Kolonnade zwischen den Seitenflügeln am Kupfergraben, eine Eingangshalle und ein Verbindungstrakt zum *Bodemuseum*. Alle diese Teile sollen nun nach Plänen von **Oswald Matthias Ungers** nachgetragen werden. Kolossale dorische Pilaster gliedern die Seitenflügel, an den Stirnseiten tragen Halbsäulen die auffällig steilen Giebel. Durch den erratischen hohen Mittelbau, aber auch die flächigen Seitenflügel wirkt der Komplex sehr massig.

**Magnushaus**, *Am Kupfergraben 7*

Gegenüber dem *Pergamonmuseum* haben sich zwei klassizistische Wohnhäuser aus der Zeit um 1830 erhalten. Aus den 1750er Jahren datiert das auf einem auffällig hohen Sockel stehende Palais Am Kupfergraben 7, dem angeblich ein Entwurf von **Knobelsdorff** zugrunde lag. 1842 richtete Gustav Magnus hier das erste physikalische Labor Deutschlands ein. Im Obergeschoss wohnte lange Max Reinhardt. Der linke Bauteil kam später hinzu und zeigt klassizistischen Dekor. Der barocke Teil ist symmetrisch aufgebaut, die drei mittleren Achsen sind besonders hervorgehoben. Idyllisch, besonders abends, ist die kleine Bauhofstraße mit Häusern aus dem 19. Jahrhundert.

**Neues Museum**, *Bodestraße 4*

Als letzter Teil der Museumsinsel ist der 1843-46 von August Stüler errichtete, aber erst 1856 eröffnete Bau noch eine Ruine; er soll in Zukunft nach Entwürfen von **David Chipperfield** rekonstruiert und modern erweitert werden. Der langgestreckte dreigeschossige Putzbau war von bestechender Eleganz und Ausgewogenheit. Gegliedert wurde er durch einen überhöhten Mitteltrakt mit dem Haupttreppenhaus und zwei flachen Kuppeln an den Gebäudeecken. Die Innenausstattung war - erstmals überhaupt in einem Museumsbau - konsequent auf die Exponate abgestimmt. Einige der prächtig dekorierten Säle der Ägyptischen Abteilung blieben erhalten.

gannen die Arbeiten am *Neuen Museum*. In den folgenden Jahrzehnten explodierten die Berliner Sammlungen förmlich, und bis 1930 folgten drei weitere große Museumsbauten. Faszinierend an der Idee der Museumsinsel ist vor allem die Gleichberechtigung von Kunst und Wissenschaft, Europäischem und Außereuropäischem. Der Masterplan für das 1999 in die UNESCO-Liste des Weltkulturerbes aufgenommene Bauensemble sieht vor, bis 2010 die Kriegsfolgen zu beseitigen, alle Bauten generalzusanieren und den in 100 Jahren gewachsenen Komplex an den zunehmenden Besucherandrang und die veränderten Anforderungen anzupassen. Auf dem ehema-

**Altes Museum**, *Bodestraße 1-3*

**Schinkels** 1825-30 errichtetes Altes Museum öffnet sich zum Lustgarten in einer breiten ionischen Säulenhalle. Hinter der Freitreppe erweitert sie sich fünfachsig in die Tiefe, wo zwei Treppen beiderseits des Eingangs ins Obergeschoss führen. Auf geniale Weise greifen so Außen- und Innenraum ineinander. Im Zentrum des rechteckigen Baukörpers liegt die Rotunde, deren blockartige Außenhülle den Gesamtbau überragt. Von hinten wirkt der Bau sehr kompakt; durch die Eckpilaster, die den Bau über beide Geschosse hinweg zusammenfassen, wird die Gesamtform des Gebäudes betont. Die Fassaden sind mit einer feinen Putzquaderung versehen.

**Berliner Dom**, *Lustgarten*

Um den schlichten, von **Schinkel** umgebauten Dombau (1747-50 von **Johann Boumann**) zu ersetzen, wurden im 19. Jahrhundertzahlreiche, zum Teil riesenhafte Neubaupläne entwickelt. Wilhelm II. setzte schließlich den Plan des Berliner Bauprofessors **Julius Raschdorff** durch, der 1894-1905 verwirklicht wurde. Der Bau, das Paradebeispiel des »Wilhelminischen Barock«, gliedert sich in die Haupt- oder Predigtkirche und die kleine Tauf- und Traukirche; die Denkmalskirche auf der nördlichen Seite wurde 1975/76 abgebrochen. Die Kuppel ist bis zum Fuß der Laterne 75 Meter hoch. Unter der Predigtkirche befindet sich die Hohenzollerngruft.

**Staatsratsgebäude**, *Schlossplatz 1*

Der einzige erhaltene Rest des 1950 gesprengten Stadtschlosses ist der Risalit des ehemaligen Portals IV, der rekonstruiert und in die Fassade des Staatsratsgebäudes eingefügt wurde. Von diesem Balkon aus rief Karl Liebknecht am 9. November 1918 die Sozialistische Republik aus. Die Architekten **Roland Korn** und **Hans-Erich Begatzky** richteten den Geschossaufbau und die mit Sandstein und rotem Granit verkleidete Fassade des funktionalen, unprätentiösen Stahlskelettbaus ganz auf das barocke Portal aus. Errichtet 1962-64, residierte hier bis 1989 der Staatsrat der DDR. Beachtenswert sind im Treppenhaus die Glasmalereien von **Walter Womacka**.

ligen Kasernengelände gegenüber dem *Bodemuseum*, den künftigen »Museumshöfen«, sollen die Verwaltung und die Restaurierungsstätten angesiedelt werden. Die große Granitschale vor dem *Alten Museum* wurde 1834 als »Weltwunder« gefeiert. Der Riss entstand bei einer Umsetzaktion 1981. Der Lustgarten präsentiert sich heute wieder ähnlich wie nach Schinkels Umgestaltung 1828–32. • Das Berliner Stadtschloss, dessen Gründung auf den Kurfürsten Friedrich II. 1443 zurückgeht, erhielt sein barockes Aussehen unter Kurfürst Friedrich III./König Friedrich I. und nach Plänen von Andreas Schlüter und Eosander von Göthe seit 1698. Nach der Abdankung des Kaisers 1918

**Auswärtiges Amt**, *Werderscher Markt*

Der Komplex des Auswärtigen Amtes besteht aus zwei Bauten: Der rückwärtige Altbau entstand 1934–38 als Erweiterung der *Reichsbank* nach Plänen von **Heinrich Wolff**. 1959–89 diente das Haus als Sitz des SED-Zentralkomitees und des Politbüros. Der kompakte Kopfbau (1997–99 von **Thomas Müller** und **Ivan Reimann**) öffnet sich zur Straße mit einem gläsernen Atrium und zur Spree hin in einem offenen Bibliothekshof. Auf der Freifläche gegenüber erinnert ein aufgemauerter Eckteil an die 1832–36 errichtete Bauakademie, eines von **Schinkels** Hauptwerken. Sie musste 1961 dem Neubau des DDR-Außenministeriums weichen, soll aber wiederaufgebaut werden.

**Friedrichswerdersche Kirche**, *Werderscher Markt*

Vom Zentrum der ersten barocken Stadterweiterung hat nur die Friedrichswerdersche Kirche überlebt, Berlins erster neugotischer Kirchenbau. **Schinkel** wählte den »Mittelalterstil«, der aber deutlich von klassizistischem Formempfinden geprägt ist, weil dieser ideal in »diese etwas engere Gegend der Stadt« passe. Und auch mit der unverputzten Backsteinansicht wirkte der 1824–30 entstandene, zweitürmige und fünfjochige Bau wegweisend. Sämtliche Schmuckteile innen wie außen sind aus Terrakotta gebrannt. Seit der Wiederherstellung nach den Kriegsschäden (1982–87) präsentieren die Staatlichen Museen hier ihre Skulpturensammlung des Klassizismus.

**Deutsche Telekom, ehem. Telegraphenamt,** *Jägerstr. 42–44*

Das mit gelbem Backstein aufgemauerte Gebäude in der Oberwallstraße 4a ist das älteste erhaltene Postgebäude in Berlin, es war Teil des 1864 mit der Hauptfassade zur Französischen Straße errichteten Generaltelegraphenamts. 1877/78 wurde das Amt nach Plänen von **Carl Schwatlo** um einen repräsentativen Neorenaissancebau in der Jägerstraße erweitert. Die kleinteilig durchgeformte Fassade ist durch die Gesimse horizontal betont, die eingestellten Doppelsäulen schaffen aber eine Balance zur Vertikalen. Der Eckbau zur Oberwallstraße verband 1902 die Formen beider Bauteile. 1998–2000 wurde der Komplex um einen Neubau von **Henze + Vahjen** erweitert.

wurde der Riesenbau zum Teil als Museum genutzt, 1950 musste die Ruine, die man problemlos hätte wiederaufbauen können, einem Aufmarschplatz weichen. 1973–76 entstand auf einem Teil des Areals der *Palast der Republik*, ein klobiger Stahlskelettbau mit getönter Spiegelglasverkleidung, der im Innern u.a. den Sitzungssaal der Volkskammer, einen Veranstaltungssaal mit 5000 Plätzen, weitläufige Foyers, Gastronomie und Sportstätten beherbergte. Wegen Asbestverseuchung wurde der Bau 1990 geschlossen, entkernt und seiner Außenhaut beraubt. 2005 soll er abgerissen werden. Der Bundestag hat den Wiederaufbau zumindest der barocken Schlossfassaden, d.h.

**Haus am Bullenwinkel**, *Hausvogteiplatz 3-4*

Ein schönes Beispiel für die Kaufhausarchitektur der Jahrhundertwende ist das Haus »Am Bullenwinkel« (1892/93 von **Alterthum & Zadeck**). Die Fassade macht den konstruktiven Aufbau des Gebäudes deutlich und ist doch gleichzeitig reich mit historistischem Dekor geschmückt. Beachtenswert sind auch das Haus Hausvogteiplatz 12 (1895 von Alterthum & Zadeck) und das *Kaufhaus Manheimer* (Oberwallstraße 6-7, 1889/91), das 1995-99, als Teil des Sat-1-Sendezentrums, ein Tonnendach aus Glas und Stahl erhielt (**Dieter Hoffmann, Frank Uellendahl**). Ausgesprochen modern wirkt das travertinverkleidete Haus Hausvogteiplatz 1 von 1930 (**Growald & Caspari**).

**Mohrenkolonnaden**, *Mohrenstraße 37 und 40*

Die Mohrenkolonnaden, entworfen von **Carl Gotthard Langhans**, wurden 1787 als Schmuck für die Brücke über den Festungsgraben errichtet, der genau hier Friedrichstadt und Friedrichswerder trennte. Es sind die letzten der einst vier Berliner Brückenkolonnaden, die noch am originalen Ort stehen. Hinter den Fenstern der Rückwände befanden sich Ladengeschäfte. Die südlichen Kolonnaden führen heute in den »Repräsentationshof« des Bundesjustizministeriums. Im heute abgerissenen Pressesaal hinter dem Altbau Mohrenstraße 36 erklärte Günter Schabowski am 9. November 1989 vor laufenden Kameras die Reisefreiheit für alle DDR-Bürger.

**Konzerthaus, ehem. Schauspielhaus,** *Gendarmenmarkt 3-4*

Den quer zum Platz liegenden Grundriss des abgebrannten Vorgängers wandelte **Karl Friedrich Schinkel** 1818-21 in eine dreiteilige Anlage um, indem er einen höheren und breiteren Mittelbau einschob und die Hauptfront so zum Platz drehte. Durch die Freitreppe, den ionischen Portikus und den figurenbekrönten Giebelaufsatz auf dem Mittelbau schuf er eine prächtige, steil ansteigende Schaufassade. Völlig neuartig war die geometrische Rasterung der Wandflächen in den beiden Hauptgeschossen, die moderne Fassaden vorwegnahm. Bis 1984 wurde der Bau äußerlich originalgetreu wiederhergestellt, im Innern jedoch - stilecht - als Konzerthaus eingerichtet.

ohne die älteren Bauteile an der Spree, beschlossen. Finanzierung, Zeitpunkt und die künftige Nutzung sind völlig offen. • Der Friedrichswerder entstand ab 1662 als eigenständige Stadt auf dem schmalen Streifen zwischen dem westlichen Spreearm und dem Straßenzug Ober-/Niederwallstraße. Er reichte vom *Zeughaus* im Norden bis zum Spittelmarkt im Süden. Der Hausvogteiplatz verdankt seine Entstehung und seine Form einer alten Festungsbastion. Der Name leitet sich vom Hofgericht ab, das hier bis Mitte des 19. Jahrhunderts lag. Im späten 19. Jahrhundert entwickelte sich das Viertel ringsherum zum Zentrum des Berliner Textil- und Konfektionshandels. Der Gendar-

**Deutscher Dom**, *Gendarmenmarkt 1-2*

In den 1770er Jahren ließ Friedrich II. die Pferdeställe abreißen, die sein Vater 1736 für das Regiment der Gens d'armes um die Französische und die Deutsche Kirche hatte errichten lassen, und beauftragte **Carl von Gontard** mit dem Bau zweier Kuppeltürme. Sie sollten im Anschluss an die bestehenden Kirchen das ebenfalls neuerbaute Komödienhaus festlich rahmen. Die Deutsche Kirche (1702-08 von **Martin Grünberg**) wurde 1881/82 wegen Baufälligkeit abgetragen und auf altem Grundriss neuerbaut, wobei man den Außenbau der Architektur des Doms anpasste. Die Deutsche Kirche ist seit der Wiederherstellung 1996 Ausstellungsraum des Deutschen Bundestages.

**Französischer Dom**, *Gendarmenmarkt 5-6*

1701-05 errichtete **Louis Cayart** nach dem Vorbild der zerstörten Hauptkirche der Hugenotten in Charenton bei Paris diese Pfarrkirche für die französische Gemeinde in Berlin. Die 1780-85 erbauten Turmbauten an der Deutschen und der Französischen Kirche - daher die Bezeichnung »Dom« - blieben als reine Kulissen ohne innere Verbindung mit den älteren Kirchen und anfangs auch ohne richtige Nutzung. Der Französische Dom beherbert seit 1929 das Hugenottenmuseum. 1905 gestaltete **Otto March** das Innere völlig um und verlegte den Eingang auf die Westseite. Bei der Wiederherstellung bis 1987 zog man statt der Emporen eine Zwischendecke ein.

**Kreditanstalt für Wiederaufbau**, *Charlotten-/Französische Str.*

Schöne Beispiele für die Bankenarchitektur des frühen 20. Jahrhunderts liefern die Bauten, die 1897-1911 für die Berliner Handelsgesellschaft in Anlehnung an italienische Renaissancepaläste entstanden. **Alfred Messel** gab dem Bau Behrenstraße 32 mit einem rustizierten Sockelgeschoss, der Kolossalordnung und dem Mansarddach eine eindrucksvolle Fassade. Nach Messels Tod errichtete sein Mitarbeiter **Heinrich Schweitzer** in ähnlichen Formen das Eckhaus Charlottenstraße 33-33a/Französische Straße 43-44. Die miteinander verbundenen Bauten bildeten seit 1949 den Sitz der DDR-Staatsbank, heute dienen sie, erweitert um zwei Neubauten, der Kreditanstalt für Wiederaufbau.

menmarkt wurde als Marktplatz der Friedrichstadt angelegt und in den 1780er Jahren unter Friedrich II. zum repräsentativen Zentrum der Friedrichstadt ausgebaut. Seit dem späten 19. Jahrhundert dominierten große Bürobauten das Viertel. Die Kriegslücken wurden zu DDR-Zeiten mit zum Teil aufwändigen Plattenbauten, in den 90er Jahren durch moderne Geschäftshäuser geschlossen – so das *Quartier 30* (Mohren-/Markgrafen-/Kronenstraße; Heinz Tesar, Joe Coenen, Claude Vasconi 1999–2001), der *Markgrafenblock* mit Bauten von Kleihues (Markgrafenstraße 34), Max Dudler (Nr. 35), Hilmer & Sattler (Nr. 36, 1994–96) oder das *Wissenschaftsforum* (Markgrafenstraße 37/

**Hotel Four Seasons**, *Charlottenstraße 49*

Das Hotel Four Seasons (1993–96 von **Josef Paul Kleihues**) zeichnet sich durch die gerasterte helle Travertinfassade aus, die sich über dem dunkelgrünen Sockelgeschoss erhebt. Luftige Brüstungen vor französischen Balkonen beleben die asymmetrische Hauptfront, über der zwei zurückgestaffelte Dachgeschosse mit umlaufenden Balkonen aufsitzen. Auf den Schmalseiten schwingen flache Erker aus. Das *Atelierhaus* (Behrenstraße 29) übernimmt die Fassadenschwünge des Hotels, doch ist seine Vorderfront innerhalb eines Aluminiumgerüsts vollständig verglast. Allen neun Geschossen sind gebäudebreite Balkone mit zierlichen Brüstungen vorgesetzt.

**Quartier 208/Hofgartenquartier**, *Friedrich-/Französische Str.*

1993–96 versuchte man erstmals, einen großen Baublock in einem Zug, aber formal kleinteilig zu bebauen. **Josef Paul Kleihues** entwarf das Gesamtkonzept und zwei Einzelbauten, drei Kollegen die anderen Neubauten. Von **Hans Kollhoff** stammt das Haus mit der vertikal betonten, graugrünen Granitfassade an der Ecke Friedrich-/Französische Straße (Foto). Der völlig plane, schwarz glänzende Bürobau in der Französischen Straße stammt von **Jürgen Sawade**, das klassisch-strenge Apartmenthaus in der Behrenstraße von **Max Dudler**. Saniert wurde das *Weinhaus Borchardt* mit seiner reich dekorierten, roten Sandsteinfassade (1899/1900 von **Carl Gause**).

**Galeries Lafayettes**, *Friedrichstraße 75*

Der 1993–96 für den Pariser Kaufhauskonzern Lafayettes entstandene Bau des Franzosen **Jean Nouvel** besetzt den nördlichen der drei Baublöcke, die durch eine unterirdische Ladenstraße zusammengefasst sind, daher der Name *Friedrichstadtpassagen*. Noch zu DDR-Zeiten hatte man mit dem Bau einer Einkaufspassage begonnen, doch die Rohbauten wurden 1990 wieder abgerissen. Im Innern des mit Aluminium- und Glasbändern horizontal gegliederten Baus, in den zwei auffällig kleine Eingänge führen, ersetzen zwei plexiglasverkleidete Kegel einen Innenhof. Die entgangene Verkaufsfläche wird durch niedrige Geschosshöhen ausgeglichen.

Taubenstraße 30 von Wilhelm Holzbauer 1996–98), das die Rustizierung des benachbarten Altbaus spielerisch aufnimmt. In der Jägerstraße 52/53 leuchtet weithin die anthrazit- und orangefarbene Fassade der *Belgischen Botschaft* (2000/01 von Elisabeth Rüthnicko). • Die Friedrichstadt entstand als jüngste und größte der drei barocken Neustädte ab 1688. Bis in die 1730er Jahre reichte sie nur bis zur Mauerstraße im Westen und zur Zimmerstraße im Süden. Im späten 19. Jahrhundert entstanden hier zahlreiche große Geschäfts- und Bürobauten, die nach dem Krieg den Ministerien und Behörden der DDR dienten. Erst in den 1980er Jahren begann die Rückwandlung der

**Quartier 206**, *Friedrichstraße 71–74*

Der Baublock des Amerikaners **Henry Cobb** ist geprägt durch keilförmig vorspringende Elemente, die auf das starke Traufgesims übergreifen; die Wandflächen sind horizontal gebändert. Nachts wird der Bau durch Lichtbänder effektvoll illuminiert. Im Innern werden die Geschäfte über ein luftiges Atrium erschlossen. Auch hier setzt sich der im Material edle, in der Form expressive, unruhige Duktus fort. Das zurückhaltend neoklassizistisch gestaltete Bürohaus Friedrichstraße 180–184, das vom Wechselspiel der Materialien Elbsandstein und Porphyrtuff lebt, entstand 1955 im Zuge des geplanten Ausbaus der Friedrichstraße.

**Quartier 205**, *Friedrichstraße 66–70*

Das Quartier 205 umfasst den ganzen Straßenblock und ist, wie die meisten Bauten des Kölners **Oswald Matthias Ungers**, streng auf dem Quadrat aufbaut, das sich durch alle Details zieht. Um einen achtgeschossigen Kernbau, der sich im Innern zu zwei Innenhöfen öffnet, sind sechs »Einzelhäuser« gruppiert, die den Blockrand markieren und nach sechs Geschossen die Traufhöhe der umliegenden Bebauung aufnehmen. In den Einschnitten zwischen ihnen liegen die Eingänge zu den durchlaufenden Passagen, und hier öffnet sich auch der Blick auf den andersfarbig verkleideten Kernbau. Die Fassaden sind ganz glatt gestaltet.

**Pfarrhäuser**, *Taubenstraße 3/Glinkastraße 16*

Die beiden ehemaligen Pfarrhäuser der Dreifaltigkeitsgemeinde stammen von 1739, ein drittes Wohnhaus wurde im Zweiten Weltkrieg zerstört. Mit ihrer klaren Fassadengliederung, den leichten Mittelrisaliten und den Mansarddächern vermitteln die zweigeschossigen Häuser ein typisches Bild der Friedrichstadt im 18. Jahrhundert. Die im Zweiten Weltkrieg zerstörte Dreifaltigkeitskirche war ein barocker Rundbau und stand an der Mauerstraße. Schräg gegenüber, in der Taubenstraße 45, erbaute **Christoph Mäckler** 1996–98 die Hauptverwaltung der Wirtschaftsprüfungsgesellschaft *KPMG* mit eingezogenem Eingang, der eine eingehängte Kanzel hat.

Friedrichstraße in eine Einkaufsmeile, doch das Projekt kam bis zur Wende über Ansätze nicht mehr hinaus. In den 1990er Jahren entstanden in den zahlreichen Baulücken große Büro- und Geschäftshäuser, wobei allen Neubauten ein Mindestanteil an Wohnungen vorgegeben war. Sie liegen meist über der Traufhöhe in den zurückgestaffelten Geschossen. Zwischen Behren- und Französischer Straße wurden drei schöne Altbauten in das *Forum des Deutschen Beamtenbundes* einbezogen: Friedrichstraße 165 (1887–89 von Kayser & von Großheim), Friedrichstraße 166 (1899 von Ferdinand Wendelstadt und Max Welsch), Friedrichstraße 167–168 (1904/05 von Bruno Schmitz). Einen

**Haus des Deutschen Handwerks**, *Mohrenstraße 20–21*

Beim Wiederaufbau Berlins sahen die Planungen um 1950 vor, die Friedrichstraße zu einer 66 Meter breiten »Hauptkaufstraße« auszubauen. Einen Eindruck dieser Vision erhält man beim Blick auf das 1908 erbaute Geschäftshaus, das 1957/58 in veränderten Formen wiederaufgebaut und um zwei Stockwerke aufgestockt wurde. Durch den Ausbau der Friedrichstraße wäre es zum Eckhaus geworden, und so erhielt es statt der alten Brandmauer eine ansehnliche Fassade und die Hausnummer Friedrichstraße 65. Mit seinem turmartigen Aufbau überragt es nun deutlich die alte Traufhöhe. Seit 1958 residierte hier die Blockpartei NDPD, heute der Zentralverband des Deutschen Handwerks.

**Kontorhaus Mitte**, *Friedrichstraße 185–190*

**Josef Paul Kleihues** entwarf die Gesamtstruktur mit den Erschließungstrakten und den mittleren Bauteil an der Friedrichstraße. Dessen streng symmetrische, gleichmäßig durchfensterte und mit hellem Travertin verkleidete Front öffnet sich in der Mitte zu Balkonen, zwischen denen ein großer Shipshape-Trakt sichtbar wird. Die Gestaltung der übrigen drei Bauteile übernahmen 1992–96 **Klaus Theo Brenner**, **Vittorio Lampugnani** und **Walter Stepp**. Von **Thomas van den Valentyn** stammt das schwarz polierte *Quartier 108* (1996–98; Friedrichstraße 191), von **gmp von Gerkan, Marg & Partner** das *Atrium Friedrichstraße* (1995–97; Friedrichstraße 59–60).

**Kronenpalais**, *Kronenstraße 8–10*

Hinter dem Namen Kronenpalais verbirgt sich ein Ensemble aus einem Altbau – einem ehemaligen Möbelhaus (Kronenstraße 10, 1902 von **Hart & Leser**) –, der durch den überbordenden, aus verschiedensten Architekturstilen zusammengesetzen Dekor auffällt, und einem Neubau, der seine Bauzeit hinter einer neoklassizistischen Fassade verbirgt. Entworfen wurde der Neubau 1998 von den Architekten des neuen *Adlon*, **Patzschke, Klotz & Partner**. Die Gegenposition zur Dekorfülle des Jugendstils und des Historismus verdeutlicht das dem Altbau benachbarte neoklassizistische Geschäftshaus in der Kronenstraße 11 (1912 von **Heilbrunn & Seiden**).

Blick wert ist in der Jägerstraße 1–3 die *Landesvertretung Hamburgs*, 1893 (von Kayser & Großheim) für einen mondänen Club erbaut. • In der Blickachse der Taubenstraße steht der Erweiterungsbau des NS-Propagandaministeriums (1934–40 von Karl Reichle; Mauerstraße 45–53), heute *Bundesministerium für Gesundheit und Soziale Sicherung*. Vom einstigen Versicherungsviertel zeugen noch die ehemaligen Bauten der Allianz-Versicherung: Taubenstraße 1–2 (heute n-tv; 1900, verändert 1922/23) und Mohrenstraße 63–64 (1913–16 von Bodo Ebhardt). Am Geschäftshaus Friedrichstraße 61 sind die Wandvorlagen mit kleinen Skulpturen besetzt. 1909 erbaute dessen Architekt, Robert

**Haus Friedrichstadt**, *Friedrichstraße 194-199*

Die Fassade des großen Büro- und Geschäftshauses (1935 von **Jürgen Bachmann**) lässt die Konstruktion erkennen: Die fünf Obergeschosse liegen, leicht vorkragend und durch Konsolen gestützt, auf dem Erdgeschoss auf. Schmale Wandvorlagen zeichnen die (vertikalen) Stahlträger in den Wänden nach. Dominiert wird die Fassade jedoch durch die Gesimse, die die Geschosse in Fensterzone und Brüstung trennen, und durch die Treppenhäuser als vertikale Gegengewichte. Das der modernen Bauauffassung widersprechende Walmdach - modern waren Flachdächer - dürfte ein Tribut an die Architekturvorstellungen der Nationalsozialisten gewesen sein.

**Museum für Kommunikation**, *Mauerstraße 69-75*

1893-98 entstand nach Plänen der Architekten **Hake, Techow und Ahrens** der Erweiterungsbau des Generalpostamts, der von Anfang an auch das Reichspostmuseum, das erste seiner Art in der Welt, beherbergte. Während die Seitenflügel in zurückhaltenden Formen der Neorenaissance gestaltet sind, ist die stumpfwinklige Ecke durch einen monumentalen Eckrisaliten herausgehoben. Über dem rustizierten Sockelgeschoss tragen kolossale Säulen vor der zurückspringenden Wand das mächtige Gebälk; bekrönt wird der Bau durch eine Gruppe von Giganten, die die Weltkugel tragen. Reich ausgestattet ist auch der große Lichthof im Zentrum der Anlage.

**Bürohaus Triangel**, *Friedrichstraße 204*

Der 1992-97 auf einem kleinen Karree entstandene Bau von **Josef Paul Kleihues** hat zwei Gesichter: Zur Friedrich- und zur Krausenstraße wirkt er durch die graue Granitverkleidung, die von starken Profilen eingerahmten Fensterbänder, die gerundeten, fensterlosen Eckbildungen und die blockhafte Dachzone fast wehrhaft. Die Ansicht zur Mauerstraße wird dagegen von der großen Glasfront geprägt, die in Höhe des zweiten bis sechsten Geschosses vorgesetzt ist. Von Kleihues stammen auch die durch ein quadratisches Raster aus schlanken, hellgrün glasierten Terrakottafliesen und schiffsförmige Ecktürme geprägten *Checkpoint-Arkaden* (von 1994-96, Zimmerstraße 20-25).

Leibnitz, das ebenfalls klar gegliederte und mit kleinen Skulpturen versehene *Kaufhaus Mädler* in der Friedrichstraße 58. Eine klare Rasterfassade mit schönem Jugendstildekor zeigt das ehemalige *Kaufhaus WMF* (1904/05 von Eisenlohr & Weigle, Leipziger Straße 112), eines der wenigen erhalten Kaufhäuser an der einstigen Einkaufsmeile Leipziger Straße. An der Ecke Mauerstraße/Krausenstraße ist im Gehwegpflaster der Grundriss der barocken, im Zweiten Weltkrieg zerstörten Böhmischen Kirche (von Friedrich Wilhelm Diterichs) markiert. 1994–97 entstand der einzige deutsche Bau des amerikanischen Star-Architekten Philip Johnson (Friedrichstraße 200).

Tour 3

# Die ehemalige DDR-Stadt

**Fernsehturm**, *Gontardstraße*

Der bis heute wohl einzige Fernsehturm der Welt, der mitten im Zentrum einer Großstadt steht, entstand 1965–69 nach Plänen **Günther Kollmanns**. **Hermann Henselmann** hatte 1959 ein solches Wahrzeichen für die Hauptstadt der DDR vorgeschlagen, nachdem ein Regierungshochhaus im stalinistischen Stil nicht mehr in die Zeit passte. Der damals zweithöchste Turm Europas war 365 Meter hoch; seit 1997 reicht er, dank einer neuen Spitze, drei Meter höher. Von den sieben Geschossen in der Turmkugel sind zwei für Besucher geöffnet: das Aussichtsgeschoss in 203 Meter Höhe und darüber das Telecafé. Die Außenhaut der Kugel besteht aus 140 Edelstahlsegmenten.

**Alexanderhaus**, *Alexanderplatz 2*

Ende der 20er Jahre sollte der Alex zum »Weltstadtplatz« werden. Den 1928 ausgeschriebenen Wettbewerb gewann das Architekturbüro **Luckhardt/Anker**, den Zuschlag bekam jedoch der zweite Preisträger **Peter Behrens**. 1930/31 entstanden auf der südwestlichen Platzseite das winkelförmige Alexander- und das *Berolinahaus*. Es sind achtgeschossige Skelettbauten mit einem Ladengeschoss, einer auskragenden Glasgalerie für Restaurants und Ausstellungen sowie sechs Büroetagen mit vertieften Rasterfeldern zu je zwei oder drei Fenstern. Mit ihren gegeneinander vorspringenden gläsernen Treppenhäusern schaffen sie eine Torsituation zur Rathausstraße.

Der Alexanderplatz, so benannt seit dem Besuch Zar Alexanders I. 1805, wurde noch bis weit ins 19. Jahrhundert hinein als Exerzier- und Paradeplatz, aber auch für Viehmärkte genutzt. Erst mit dem Bau der S-Bahn 1882, der U-Bahn seit 1913, der Zentralen Markthalle 1886 und des Kaufhauses Tietz 1904–11 entwickelte sich der »Alex« zum wichtigsten Verkehrs- und Einkaufszentrum für die östlichen Stadtteile Berlins. Sein Wahrzeichen war die bronzene »Berolina« (seit 1886). Die Umgestaltung zum »Weltstadtplatz« nach 1928 blieb Fragment. Erst die völlige Neubebauung 1967–73 (nach Plänen des Kollektivs Joachim Näther/Peter Schweizer) machte ihn zum monumen-

**Galeria Kaufhof, ehem. Centrum-Warenhaus**, *Alexanderplatz 9*

Bei der Umgestaltung des Alex entstand im Zentrum des Areals 1967-70 ein »dynamisches Ensemble« aus Hoch- und Flachbauten mit dem Centrum-Warenhaus, dem Hotel »Stadt Berlin« und einem Gaststättenkomplex. Der Architekt **Josef Kaiser** setzte dem kompakten sechsgeschossigen Baukörper des Warenhauses über dem ersten Obergeschoss eine weiße Wabenfassade aus Aluminium vor, die die Geschosseinteilung verdeckt. In dem 1,20 Meter breiten Zwischenraum verlaufen Gänge zu den Nottreppen. Ihr Vorbild hat die Fassade u.a. in den von **Fgon Eiermann** Ende der 50er Jahre entworfenen Einheitsfassaden für die westdeutsche Kaufhauskette Horten.

**Hotel Park Inn, ehem. Hotel Stadt Berlin**, *Alexanderplatz*

Das den Alex beherrschende, 123 Meter hohe Hotel »Park Inn«, ursprünglich »Stadt Berlin«, entstand 1967-70 nach Plänen des Kollektivs **Roland Korn**. Die Längsachse des Gebäudes wird in den Obergeschossen von den Fahrstühlen und Serviceräumen eingenommen, die Gästezimmer - 32 pro Normalgeschoss - liegen an den Längsseiten. Im 37. Stock befand sich das Panoramarestaurant, heute ein Spielkasino. Verkleidet ist das als Stahlskelettbau aufgeführte Hochhaus mit einer Fassade aus Aluminiumelementen und blau gefärbtem Glas. Im südlich vorgelagerten zwei- bis dreigeschossigen Flachbau befanden sich einst Restaurants mit zusammen 1900 Plätzen.

**Ehem. Hauptverwaltung der Karstadt AG**, *Otto-Braun-Str. 27*

Hinter der »Einheitsfront« an der nordöstlichen Platzseite verbirgt sich ein großer Bürobau aus den Jahren 1930/31 (von **Philipp Schäfer**), der im Zuge der Alex-Umgestaltung als Hauptverwaltung des Kaufhauskonzerns Karstadt entstand. Im Zweiten Weltkrieg wurde rund ein Drittel des siebengeschossigen, ursprünglich 177 Meter langen Stahlskelettbaus zerstört, der Risalit an der Otto-Braun-Straße lag ursprünglich in der Mitte der Fassade. Diese Seite ist mit Tuffstein verkleidet, die nordwestliche Seite mit Backstein. Zu DDR-Zeiten diente der Bau als Präsidium der Volkspolizei, und auch heute wird er von verschiedenen Polizeibehörden genutzt.

talsten innerstädtischen Platz in Deutschland. Er bildet seitdem auch das Scharnier innerhalb der zentralen Achse zwischen Stalinallee (heute Karl-Marx-Allee) und Karl-Liebknecht-Straße/Unter den Linden. Der Platz wurde um ein Dreifaches vergrößert und verlor seinen geschlossenen Charakter. Das Kerngebiet wurde zur Fußgängerzone, der Verkehr wird über vielspurige Straßen außen herumgeführt. 1993 gewann Hans Kollhoff einen städtebaulichen Wettbewerb mit dem Plan, den Großteil der heutigen Bebauung abzureißen und durch zehn 150 Meter hohe Hochhäuser zu ersetzen. Das Projekt scheiterte an den fehlenden Finanzen. • »Architektur muss dem Inhalt

**Haus der Elektroindustrie**, *Alexanderplatz 6*

Nach Nordosten wird der Alex eingefasst durch das 220 Meter lange »Haus der Elektroindustrie«, das heute u.a. das Bundesumweltministerium beherbergt. Der 1967–69 vom Kollektiv **Heinz Mehlan** errichtete Bau erhielt in den 90er Jahren eine neue Fassade mit einem Zitat aus Alfred Döblins Roman »Alexanderplatz«. Nach Südosten schließt sich das *Haus des Reisens* an (1969–71 von **Roland Korn**). Das 17-geschossige Hochhaus mit den vorgehängten Fassadenelementen erhebt sich über einem zweigeschossigen Flachbau mit nach oben aufgefächertem Betongesims. Die Fassade zur Otto-Braun-Straße ziert ein großes Bronzerelief von **Walter Womacka**.

**Haus des Lehrers**, *Alexanderplatz 3–4*

Das 1961–64 vom Kollektiv **Hermann Henselmann** errichtete Ensemble mit dem Haus des Lehrers und der *Kongresshalle* ist der internationalen Moderne verpflichtet. Der 13-geschossige Stahlbetonskelettbau steht auf Rundstützen, die im Erdgeschoss freigestellt sind. Dies war der erste DDR-Bau mit einer »Vorhangfassade«, d.h. einer nicht tragenden Fassade aus Glas und Aluminium. Ein 125 Meter langer Mosaikfries »Unser Leben« von **Walter Womacka** umzieht in Höhe des zweigeschossigen Buchmagazins den gesamten Bau. Auf quadratischem Grundriss ist der Flachbau der Kongresshalle angelegt, deren zentrale überkuppelte Halle von gläsernen Foyers umgeben ist.

**Kino International**, *Karl-Marx-Allee 33*

Der zweite Bauabschnitt der Stalinallee, seit 1960 Karl-Marx-Allee, entstand 1959–65. **Edmund Collein** und **Werner Dutschke** behielten die Straßenbreite des ersten Alleeabschnitts, die Gebäudehöhen und die Verwendung von Keramikkacheln für die Fassaden bei, die Außenwände wurden jedoch nun aus schmucklosen Großplatten zusammengesetzt. Für Kino, Restaurant und Café entstanden separate, individuell (von **Josef Kaiser**) entworfene Pavillonbauten. Das Hinterland der Allee wurde mit bis zu zehngeschossigen Wohnbauten längs eines völlig neu geschaffenen Stadtgrundrisses bebaut. Von Kaiser stammt auch das *Filmtheater Kosmos* (Karl-Marx-Allee 131a).

nach demokratisch und der Form nach national sein«, lautete einer der »Grundsätze des Städtebaus«, denen sich die DDR-Staatsführung seit 1950 verpflichtet fühlte. Zum Leitbild wurde – gegen die Errungenschaften der Moderne – wieder die traditionelle Stadt, in deren Zentrum die »wichtigsten und monumentalsten Gebäude« massiert werden sollten. Eine »zentrale Achse« sollte Berlins Zentrum mit den traditionellen Arbeiterwohnvierteln im Osten Berlins verbinden. Die 1949 in Stalinallee umbenannte Frankfurter Straße wurde zu einer 90 Meter breiten Magistrale mit großzügigen Grünanlagen und Plätzen geweitet; Vor- und Rücksprünge der auch in der Höhe

**Karl-Marx-Allee**, *Block C Süd, Karl-Marx-Allee 72-90*

Auf dem fast zwei Kilometer langen Abschnitt zwischen Strausberger Platz und Niederbarnimstraße entstanden 1952-60 bis zu 300 Meter lange, sieben- bis neungeschossige Baublöcke. Ihre Fassaden variieren beträchtlich im Detail, doch sind sie alle der gleichen Architektursprache verpflichtet: einem Neoklassizismus, der auf das Formenrepertoire der Schinkelzeit zurückgreift. Die unteren Geschosse beherbergen Läden und Gaststätten, die Obergeschosse für damalige Verhältnisse komfortable Wohnungen. Geprägt wurde der neue Stil 1951/52 von **Hermann Henselmann** mit dem *Hochhaus an der Weberwiese* (Marchlewskistraße 25).

**Laubenganghäuser**, *Karl-Marx-Allee 102-104*

**Hans Scharoun** propagierte im »Generalaufbauplan« von 1949 eine aufgelockerte »Bandstadt« längs der Spree. Daraus ging als einziges begonnenes Projekt die »Wohnzelle«, später »Wohnstadt« Friedrichshain hervor. Im Dezember 1949 wurde der Grundstein für das erste der beiden Laubenganghäuser an der Karl-Marx-Allee gelegt (Nr. 102-104 und 126-128). Ihnen folgten acht weitere Bauzeilen südlich an der Gubener und der Graudenzer Straße, bevor die Parteiführung das noch ganz dem Neuen Bauen der 20er Jahre verpflichtete Projekt stoppte. Die Wohnräume der 1- bis 2,5-Zimmer-Wohnungen liegen auf der Rückseite, zur Sonne hin.

**Türme am Frankfurter Tor**, *Frankfurter Tor 1 bzw. 9*

Die 1957-60 nach Plänen von **Hermann Henselmann** errichteten Turmbauten sind die markantesten Bauten im Zuge der Karl-Marx-Allee. Sie heben den Kreuzungsbereich der Allee mit der östlichen Ringstraße heraus. Auf den beiden neungeschossigen, leicht in den Straßenraum vorspringenden Sockelbauten sitzt jeweils ein kreisrunder, im unteren Teil von einem Säulenkranz umstellter Tambour und darüber eine runde kupferne Haube. Die Türme nehmen die Form von **Karl von Gontards** Dombauten am Gendarmenmarkt auf. Von Henselmann stammen auch das großzügig durchfensterte Kaufhaus auf der nordöstlichen Platzseite und die turmartigen Bauten am Strausberger Platz.

gestaffelten Baukörper machen die großen Fassaden lebendig, Turmbauten markieren wichtige Plätze. Das erste Wohnungsneubauprojekt der DDR, an dem die Entwurfskollektive Hartmann, Henselmann, Hopp, Leucht, Paulick und Souradny beteiligt waren, wurde zum Vorbild für alle weiteren Bauvorhaben im Land. Nach dem Tod Stalins forderte Chruschtschow 1954 die sowjetischen Architekten auf, »schneller, besser und billiger« zu bauen. Die Lösung sollte in der Typisierung und Industrialisierung des Bauens liegen. Die DDR folgte ab 1959 dem neuen Leitbild – im zweiten Bauabschnitt der Stalinallee zwischen Strausberger und Alexanderplatz.

Tour 4

# Unter den Linden

**Schlossbrücke**

Den Auftakt zu den Linden macht Berlins prächtigste Brücke, deren Figuren – in umgekehrter Sicht – einst Spalier auf den letzten Metern zum Schloss standen. Die dreibogige Steinbrücke entstand 1822–24 nach Plänen von **Karl Friedrich Schinkel** in Zusammenhang mit der Umgestaltung des Lustgartens zu einer neuen repräsentativen Stadtmitte. Die acht marmornen Skulpturengruppen, die griechische Göttinnen mit jungen Kriegern zeigen, sollten gemeinsam mit der gerade fertiggestellten *Neuen Wache* und den Standbildern preußischer Generäle den Sieg über Napoleon feiern. Sie wurden dann aber erst 1842–57 von verschiedenen Bildhauern geschaffen.

**Zeughaus**, *Unter den Linden 2*

Das Zeughaus entstand 1695–1706 unter der Leitung von – nacheinander – **Johann Arnold Nering**, **Martin Grünberg**, **Andreas Schlüter** und **Jean de Bodt**. Die Vierflügelanlage mit vier annähernd gleichgestalteten Straßenfronten barg ursprünglich das Waffenarsenal. Später beherbergte sie ein Militärmuseum, das DDR-Geschichtsmuseum und seit 1991 das Deutsche Historische Museum. Von Schlüter stammen die über 100 Schlusssteine und die eindrucksvollen 22 Masken sterbender Krieger im zentralen Innenhof, der seit 2003 durch ein Glasdach nach Plänen von **I.M. Pei** überfangen ist. Die Gestaltung der Innenräume stammt aus der Zeit des Wiederaufbaus 1948–65.

Berlins Prachtstraße Unter den Linden gliedert sich heute in vier Abschnitte, die einzelne Phasen der Berliner Stadtgeschichte widerspiegeln: Es beginnt im Osten mit der Residenzstadt des 18. Jahrhunderts, dann folgen die Geschäftsstadt des frühen 20. Jahrhunderts, die Hauptstadt der DDR nach 1945 sowie auf dem letzten Abschnitt vor dem *Brandenburger Tor* die wiedervereinigte deutsche Metropole. Nach Osten hin ist die Allee heute ihres Blickpunkts beraubt – bis 1950 führte sie gerade auf das mächtige Berliner Stadtschloss zu (allerdings auf dessen Ecke, nicht auf das Hauptportal). Hinter dem *Zeughaus*, direkt am Spreekanal, lohnen zwei historistische Bauten den

**Pei-Anbau des Zeughauses**, *Hinter dem Gießhaus*

Eine gläserne Spindel soll die Flaneure von den Linden ins »Schauhaus« zu den Sonderausstellungen des Deutschen Historischen Museums locken. Der amerikanische Star-Architekt **I.M. Pei** konzentrierte die Ausstellungsräume in einem natursteinverkleideten, fast fensterlosen Kernbau und umgab diesen mit einem großzügigen Glasfoyer, das mittels Wanddurchbrüchen, Galerien und Stützen raffiniert mit dem Kernbau verzahnt ist. Grundform des dreigeschossigen Gebäudes ist ein Dreieck. Das 1998–2003 errichtete Haus beeindruckt vor allem durch die Licht- und Schattenspiele im Foyer und die detailgenaue Verarbeitung der edlen Materialien.

**Kommandantur**, *Unter den Linden 1*

Bald wird man kaum noch ahnen, dass die prächtige klassizistische Fassade, die erstmals 1874 errichtet wurde, den jüngsten Bau der Prachtmeile umhüllt. An der prestigeträchtigen Adresse Unter den Linden 1 ließ der Bertelsmann-Konzern als seine Hauptstadtrepräsentanz die im Zweiten Weltkrieg zerstörte Kommandantur wiederauferstehen. Aber nur äußerlich – im Innern, sichtbar auf der Rückseite durch den Wintergarten, entstand ein moderner Bau nach Plänen von **Thomas van den Valentyn** (2002/03). Seit 1967 stand am Ufer des westlichen Spreearms die Hochhausscheibe des DDR-Außenministeriums (von **Josef Kaiser**); sie wurde 1995 abgerissen.

**Kronprinzenpalais**, *Unter den Linden 3*

Das Kronprinzenpalais wurde 1968/69 nach Plänen von **Richard Paulick** weitgehend originalgetreu als Gästehaus des Berliner Magistrats wiederaufgebaut. 1733 gestaltete **Philipp Gerlach** ein aus den 1660er Jahren stammendes Privathaus zum Stadtpalais für den Kronprinzen Friedrich (den späteren Großen) um. Für den nächsten Kronprinzen Friedrich, den späteren Kaiser Friedrich III., ersetzte **Heinrich Strack** 1856/57 das ursprüngliche Mansarddach durch ein drittes Geschoss und überzog die Fassade, deren Grundstruktur mit den riesigen Pilastern, dem Säulenportikus und dem starken Gebälk dem Barockbau entstammt, mit klassizistischer Ornamentik.

Blick: ein ehemaliges Bankhaus, Am Zeughaus 1–2 von 1898/99 (von H. Roesener), und – in den Formen eines italienischen Renaissancepalastes – die ehemalige *Verwaltung der direkten Steuern*, Dorotheenstraße 1 (1879–83 von Ludwig Giersberg). • Im Jahre 1647 befahl der junge Kurfürst Friedrich Wilhelm, den schlichten Reitweg vom Schloss in den Tiergarten, das kurfürstliche Jagdgebiet, »mit Nuss- und Lindenbäumen zur Ausrichtung einer Gallerie« zu bepflanzen – mit 2000 Bäumen in sechs Reihen. Doch nur die Linden gediehen. Mit der Gründung der Dorotheenstadt 1668 entstanden die ersten Häuser längs der 60 Meter breiten Allee, und im 18. Jahrhundert ent-

**Prinzessinnenpalais**, *Unter den Linden 5*

Die Hauptfront des Prinzessinnenpalais zeigt zur schmalen Oberwallstraße. Dort wurden 1730 zwei Wohnhäuser erbaut, die **F.W. Diterichs** 1733 durch einen Mittelbau zu einem großen Palais verband. 1810 setzte **Heinrich Gentz** dem Palais einen Kopfbau mit repräsentativer Fassade zu den Linden vor. Für die neuen Bewohner, die Töchter des Königs, wurde eine gedeckte Brücke zum Palais ihres Bruders, dem *Kronprinzenpalais*, errichtet. Die Kriegsruine wurde 1960-62 abgetragen; bis 1964 wurde das Palais unter der Leitung von **Richard Paulick** originalgetreu wiederaufgebaut. Das Operncafé im Innern wurde bei der Sanierung 1990/91 völlig umgestaltet.

**Neue Wache**, *Unter den Linden 4*

Die 1816-18 erbaute Neue Wache war der erste größere eigenständige Bau von **Karl Friedrich Schinkel**. Das Wachhaus, das auch als Denkmal für die Befreiungskriege verstanden wurde, wirkt durch die kastellartigen Eckrisalite massig und stabil und erhält durch die zweireihige Säulenhalle mit Giebel zu den Linden hin Tiefenwirkung. Der Giebel zeigt Kriegsallegorien, der Fries ist mit Viktorien von **Schadow** geschmückt. 1930/31 wurde der Bau von **Heinrich Tessenow** zu einem schlichten Gefallenen-Ehrenmal umgestaltet, seit 1993 dient er, mit einer vielfach vergrößerten Kopie einer Käthe-Kollwitz-Skulptur, als »Zentrale Gedenkstätte der Bundesrepublik«.

**Palais am Festungsgraben**, *Am Festungsgraben 1*

Hinter dem so genannten »Kastanienwäldchen« liegt das 1751-53 von **Christian Friedrich Feldmann** für einen Kammerdiener errichtete Palais Donner, heute wegen seiner ursprünglichen Lage »Palais am Festungsgraben« genannt. Seit 1787 diente es als Wohnung des preußischen Finanzministers, seit 1808 als Finanzministerium. Beim Umbau 1861-63 erhielt der dreigeschossige Bau seine spätklassizistische Putzfassade. Im Innern entstanden repräsentative Räume wie das Haupttreppenhaus und der über zwei Geschosse reichende Festsaal. 1934 wurde aus dem abgerissenen Weydingerhaus der vermutlich von **Schinkel** ausgestattete Festsaal eingebaut.

wickelten sich »die Linden« zur Prachtallee, die ihren Abschluss 1789–94 mit dem *Brandenburger Tor* fand. Der östliche Teil war anfangs durch das barocke Festungswerk abgeschnitten. Er gehörte zum Friedrichswerder und hieß Platz am Zeughaus. Bis 1816 führte eine schmale Brücke über den Festungsgraben, der erst in den 1880er Jahren zugeschüttet wurde. Als Friedrich II. 1740 die Regierungsgeschäfte übernahm, waren die Stadterweiterungen abgeschlossen. Nun galt es, den erweiterten Stadtraum mit repräsentativer Architektur zu füllen. Auf dem unbebaut gebliebenen Gelände vor der barocken Stadtbefestigung, die man nun wieder abgetragen hatte, sollte ein neues

**Maxim-Gorki-Theater**, *Am Festungsgraben 2*

Der 1824-27 von **Carl Theodor Ottmer** nach einem Entwurf von **Schinkel** errichtete Konzertsaal für die Berliner Singakademie wurde 1946/47 von **Fritz Bornemann** und **Johannes Rey** äußerlich originalgetreu wiederaufgebaut; das Innere wurde neu gegliedert und erhielt eine historisierende Ausstattung. Seit 1952 spielt hier das Maxim-Gorki-Theater, heute das kleinste Berliner Staatstheater. Der zweigeschossige, rechteckige Bau trägt als Hauptfront eine Tempelfassade mit Pilastern korinthischer Ordnung. Zwischen den Kapitellen zeigen Relieffelder jeweils zwei Löwen um eine Lyra. Die Seitenfront war ursprünglich in beiden Geschossen durchfenstert.

**Staatsoper**, *Unter den Linden 7*

Das Königliche Opernhaus war bei seiner Eröffnung 1743 das erste von der Herrscherresidenz räumlich getrennte Opernhaus überhaupt. Der heutige Bau entstand 1952-55 nach Plänen von **Richard Paulick** als kompletter Wiederaufbau, wobei die Anfügungen des 19. und 20. Jahrhunderts wie der Bühnenturm und die Seitenbühnen barocken Dekor erhielten, sodass sie heute wie original wirken. Die von **Georg Wenzeslaus von Knobelsdorff** errichtete Oper war ein einfaches Rechteck - mit schlichten Fassaden, leicht vorspringenden Seitenrisaliten und einer prächtigen Eingangsfront. Das Innere ist eine Neugestaltung in Anlehnung an Knobelsdorffsche Formen.

**Hedwigskathedrale**, *Bebelplatz*

Mit der Kirche der katholischen Gemeinde wollte Friedrich d. Gr. nach dem Zugewinn des katholischen Schlesiens seine religiöse Toleranz beweisen. Als Vorbild der Entwürfe von **Knobelsdorff** diente das antike Pantheon in Rom. Die Bauarbeiten leitete 1747-55 **Johann Boumann**, 1771-73 wurden sie abgeschlossen. Die im Zweiten Weltkrieg zerstörte Kathedrale - heute Sitz des katholischen Erzbischofs - wurde nach Plänen von **Hans Schwippert** mit in ihrer Form leicht veränderter Kuppel und völlig umgestaltetem Innern wiederaufgebaut. Der Boden öffnet sich zu einer breiten Treppe in die Krypta; Ober- und Unterkirche sind durch eine Altarsäule miteinander verbunden.

Stadtzentrum entstehen, das die Künste, die Wissenschaften und die Politik zusammenführen sollte. Das Forum Fridericianum wurde quer zur Lindenallee angelegt; 1741 begann der Bau der *Staatsoper*, der rasch die *Hedwigskathedrale* folgte. Statt des vorgesehenen neuen Königspalastes entstand ab 1748 das Palais des Königsbruders Prinz Heinrich (heute *Humboldt-Universität*). Friedrich hatte bereits das Interesse an Berlin verloren und hielt sich so oft wie möglich in Potsdam auf. Parallel zum Wiederaufbau der Oper 1952–55 entstand, von Paulick äußerlich in gleicher Formensprache gestaltet, das Intendanz- und Magazingebäude der Oper (Hinter der Katholischen

**Alte Bibliothek**, *Bebelplatz*

Auf Weisung des Königs kopierte **Georg Christian Unger** einen 50 Jahre älteren Entwurf **Fischer von Erlachs** für die Wiener Hofburg, dessen Bau aber erst 1889-93 in veränderter Form vollendet wurde. Die Berliner Kopie, 1775-80 entstanden, ist also älter und originaler als das Vorbild. Im Gegensatz zur viergeschossigen Fassadengliederung besaß das Innere bis 1840 nur zwei Geschosse: Im Obergeschoss befand sich die Bibliothek, das Untergeschoss diente als Opernmagazin. Nach den Kriegszerstörungen wurde die Bibliothek, wegen ihrer geschwungenen Formen auch »Kommode« genannt, 1963-69 für die Humboldt-Universität wiederaufgebaut und innen modernisiert.

**Humboldt-Universität**, *Unter den Linden 6*

Die Pläne für das Palais des Prinzen Heinrich stammen von **Knobelsdorff**, geleitet wurde der Bau 1748-66 von **Johann Boumann** und **Carl Ludwig Hildebrandt**. Seit ihrer Gründung 1810 ist hier die Universität untergebracht. 1913-20 erweiterte **Ludwig Hoffmann** die ursprüngliche Dreiflügelanlage, ohne die Ansicht von den Linden aus zu verändern. Er vergrößerte die ursprünglich schmalen Seitenflügel auf die Breite der beiden Stirnbauten und verlängerte sie weit nach Norden, sodass ein langgestreckter zweiter Hof entstand. Der Komplex wirkt durch den starken Sockel, die Quaderung aller drei Geschosse und die Attika vor dem flach geneigten Dach sehr massig.

**Altes Palais**, *Unter den Linden 9*

Das klassizistisch-strenge Stadtpalais des Kronprinzen Wilhelm, das er auch als König und Kaiser bis zu seinem Tod 1888 bewohnte, entstand 1834-37 nach Plänen von **Karl Ferdinand Langhans**. Über den beiden Hauptgeschossen verbergen sich die kleinen Fenster des dritten, niedrigen Geschosses in einem Terrakottafries. Hinter der wiederhergestellten Fassade erstreckt sich ein Neubau von 1963/64, ebenso hinter dem Nachbarhaus Unter den Linden 11, dem die Fassade des ehemaligen Gouverneurshauses von 1721 (ursprünglich Rathaus/Ecke Jüdenstraße) vorgesetzt ist. Beide Bauten sind im Innern mit der *Alten Bibliothek* verbunden.

Kirche 1–2). Unter dem Opernplatz, der seit 1947 Bebelplatz heißt, erinnert eine leere Bibliothek, nur durch eine Glasplatte einsehbar, an die Bücherverbrennung durch nationalsozialistische Studenten im Mai 1933 an diesem Ort (1994 von Micha Ullman). Südlich wird der Bebelplatz von der ehemaligen Hauptverwaltung der *Dresdner Bank* abgeschlossen; die Platzfront entstand im Kern 1887–89 nach Plänen von Ludwig Heim in den Formen der italienischen Hochrenaissance. Der lange von der Staatsbank der DDR genutzte Bau wird zu einem Hotel umgebaut. • Das Reiterstandbild Friedrichs des Großen von Christian Daniel Rauch, 1851 auf dem Mittelstreifen der Linden ent-

**Staatsbibliothek zu Berlin, Haus 1**, *Unter den Linden 8*

Nachdem die Bibliothek am Forum Fridericianum zu klein geworden war, ließ Wilhelm II. 1903-14 von **Ernst von Ihne** einen 170 mal 106 Meter großen Neubau in monumentalem Neobarock errichten. Über dem rustizierten Sockel erheben sich zwei Hauptgeschosse, zwischen deren verbindendem Schmuckbesatz die Fenster eines Zwischengeschosses eingelassen sind. Der Zugang zur Bibliothek führt über einen malerischen Vorhof. Der Lesesaal im Zentrum, der einst von einer Kuppel mit 38 Metern Spannweite überfangen wurdc, ficl dcm Zweiten Weltkrieg zum Opfer. Als neuer zentraler Lesesaal entsteht ein mehrgeschossiger gläserner Kubus nach Plänen von **HG Merz**.

**Deutsche Bank**, *Unter den Linden 13 und 15*

Die beiden Altbauten, die die Deutsche Bank AG als Berliner Repräsentanz nutzt, wurden für den Vorgänger, die Disconto-Gesellschaft, errichtet: ein viergeschossiger Bau mit neobarocker roter Sandsteinfassade, die durch die Kolossalordnung vor den oberen beiden Geschossen einen machtvollen Charakter erhält (von 1889-91), und das Eckhaus (1922-25 von **Bielenberg & Moser**) in vereinfachten neoklassizistischen Formen, dessen Erdgeschoss der »Deutschen Guggenheim« als Ausstellungshalle dient. Der zurückspringende Bauteil an der Charlottenstraße wurde 1994-97 von **Benedict Tonon** um zwei Geschosse erhöht und mit einer Glasfront verkleidet.

**Lindencorso**, *Unter den Linden 21/Friedrichstraße*

Das Lindencorso (1993-96 von **Christoph Mäckler**) ist ein einheitlich geformter Baublock, der historische Anregungen in eine moderne Formensprache umsetzt. Klassisch ist der Aufbau der Fassaden in drei Zonen: die zweigeschossige Sockelzone mit einem Laubengang vor den Geschäften, vier Obergeschosse mit vorgezogenen Fensterrahmen und schließlich die Wohnungsgeschosse über dem auf Konsolen sitzenden starken Dachgesims. Verkleidet ist die Fassade mit kanneliertem Sandstein. Auf dem Nachbarblock an der Friedrichstraße, zwischen Rosmarin- und Behrenstraße, entstand 1995-98 das *Rosmarinkarree* (von **P. und P. Kahlfeldt**, **Ingeborg Lindner-Böge**, **Jürgen Böge**).

hüllt, markiert das Ende des barocken Abschnitts der Lindenallee, die ihren geschlossenen Charakter Ende des 19. Jahrhunderts verlor, als zahlreiche barocke und klassizistische Wohnhäuser neuen Geschäfts- und Bürobauten weichen mussten. In der Charlottenstraße 35–36 erbauten die Architekten des *Hotels Adlon*, Patzschke und Klotz, von Grund auf eine Kopie des Vorgängerbaus aus der Zeit der Jahrhundertwende. Gegenüber, in der Charlottenstraße 47, sitzt der *Deutsche Sparkassen- und Giroverband* hinter denkmalgeschützter Fassade in einem komplett umgebauten Bankhaus von 1900/01. Die repräsentativen Konferenzräume liegen unter einem gläsernen Tonnen-

**Haus der Schweiz**, *Unter den Linden 24*

Nur ein Altbau hat an der ehemals berühmtesten Straßenecke Berlins den Zweiten Weltkrieg überstanden: das Haus der Schweiz mit der Wilhelm-Tell-Figur auf der Ecke. Das 1934–36 von **E. Meier-Appenzell** erbaute muschelkalkverkleidete Geschäftshaus nimmt zwar die Grundstruktur des Nachbarhauses Unter den Linden auf – mit Sockelgeschoss, Kranzgesims, Attikageschoss und Schrägdach –, wandelt dessen neoklassizistische Formsprache aber in eine strenge Sachlichkeit um. Einen Blick lohnt das Geschäftshaus Friedrichstraße 153a (1898–1900 von **Alfred Breslauer**), dessen Fassade zwischen den konstruktiven Stützen zu großen Fensterflächen aufgebrochen ist.

**Westin Grand Hotel**, *Friedrichstraße 158–164*

Auf dieser Ecke befand sich bis zum Zweiten Weltkrieg das Café Kranzler, nebenan führte seit 1873 die Kaiserpassage, Berlins größte Einkaufspassage, von den Linden bis zur Ecke Behrenstraße/Friedrichstraße. Hier entstand 1985–87 das nobelste Hotel der ostdeutschen Hauptstadt, das Grand Hotel, heute Westin Grand. Unter der Leitung des japanischen Architekten **Tekeshi Inoue** errichtet, zeigt es sich im Innern als beneidenswert großzügig. Die Ornamentik der Plattenbaufassade schöpft aus dem reichen Fundus des Berliner Klassizismus. Der kleine Stadtplatz schräg gegenüber soll wie zu Vorkriegszeiten wieder bebaut werden.

**Zollernhof**, *Unter den Linden 36–38*

Direkt nebeneinander baute **Kurt Berndt** zwei funktional gestaltete Bürohäuser in moderner Stahlkonstruktion. Ihre Fassaden wurden aber von zwei anderen Architekten ganz unterschiedlich gestaltet. Dem Zollernhof (1910–11) gab **Bruno Paul** eine streng gereihte Pfeilerfassade mit starkem Kranzgesims und sparsamem Bauschmuck. Hinter der Fassade, die in den 30er Jahren um das Doppelte (Hausnummer 36) verbreitert wurde, verbirgt sich heute ein weitgehender Neubau für das ZDF. Die Fassade für die Schlafwagenfirma Wagon-Lit (Unter den Linden 40; 1907/08) gestaltete Berndts Büropartner **A.F.M. Lange** dagegen betont repräsentativ und ornamentreich.

dach (1998–2000 von Karl Heinz Schommer). Das aufwändig geschmückte ehemalige *Hotel Carlton* (Unter den Linden 17) stammt vom Architekten des alten Hotels Adlon, Carl Gause. Das Büro- und Geschäftshaus *Römerhof* (Unter den Linden 10) erbaute Kurt Berndt 1910/11; das Nachbarhaus Unter den Linden 12 entstand 1908–10 nach Plänen von Max Grünfeld ebenfalls in neoklassizistischen Formen. Repräsentativ ist auch das Haus Unter den Linden 28–30, das Alfred Klingenberg und Fritz Beyer 1912/13 für die Daimler-Motorengesellschaft erbauten – woran die Reliefplatten über dem ersten Stock erinnern. Nur von ferne zu betrachten ist zurzeit das ehemalige

**Haus Pietzsch**, *Unter den Linden 42*

**Jürgen Sawade** orientierte sich am »klassischen« Aufbau der Nachbarhäuser, indem er den 1993/94 errichteten Neubau mit Natursteinplatten verkleidete, in eine zweigeschossige Sockelzone, die Zone der Hauptgeschosse und eine Dachzone über dem Kranzgesims gliederte sowie die Breite der Fensterachsen übernahm. Der Kernbau ist jedoch vom Nachbarhaus durch einen fünf Meter breiten Zwischenraum getrennt, in dem, an der benachbarten Brandmauer, großformatige Gemälde hängen. Die Glaswand, die den Raum zur Straße schließt, setzt sich als Attikageschoss über dem Kernbau fort und umklammert so den steinverkleideten Bauteil.

**Schadowhaus**, *Schadowstraße 10-11*

Der berühmte Bildhauer **Gottfried Schadow**, von dem die Quadriga auf dem *Brandenburger Tor* stammt, ließ sich 1804/05 den damals zweigeschossigen, siebenachsigen Putzbau errichten. Sein Sohn fügte 1850-53 das zweite Obergeschoss hinzu. Aus dieser Zeit stammt auch die klassizistische Fassade mit der Putzquaderung, den durchlaufenden Gesimsen und dem Rankenfries unter der Traufe. Das Relieffeld mit einem Porträt Schadows über dem ersten Stock stammt von **Hermann Schievelbein**.
Die Schadowstraße läuft auf die sanierte Hauptfassade einer alten Markthalle zu, die heute zum Presse- und Informationsamt der Bundesregierung gehört.

**Russische Botschaft**, *Unter den Linden 55-65*

Die Russische Botschaft, 1949-51 unter der Leitung von **Friedrich Skujin** als Botschaft der UdSSR am Ort des kriegszerstörten Vorgängers errichtet, verletzt als einziger Bau das »Lindenstatut«, indem sie über die einheitliche Traufhöhe hinausragt und zur Straße hin einen Ehrenhof bildet. Der natursteinverkleidete Bau gab die Richtung vor, in die sich die DDR-Architektur der 50er Jahre entwickeln sollte: hin zu einem monumentalen, auf Wirkung bedachten Neoklassizismus. Im zentralen Bauteil unter dem Turm befindet sich der große Kuppelsaal, von dem der Weg über das aufwändige Haupttreppenhaus zum Festsaal im Zentrum des Straßenblocks geht.

*Warenhaus für Armee und Marine* in der Neustädtischen Kirchstraße 4–5 (1886/87 von Hude & Hennicke), das als *Amerikanische Botschaft* weiträumig abgesperrt ist. • Den nächsten Straßenblock nimmt ein Bürohaus des Deutschen Bundestags ein: das ehemalige *DDR-Ministerium für Außenhandel*, das beim Umbau eine neue Fassade erhielt. Von der Ecke zur Glinkastraße aus sieht man die Rückfront der 1947 gegründeten *Komischen Oper*. Hinter der fast fensterlosen, sandsteinverkleideten Fassade (1966/67 von Kunz Nierade) verbirgt sich ein plüschiges Theater aus den 1890er Jahren, das von den berühmten Theaterarchitekten Fellner & Helmer aus Wien erbaut wurde.

**Ungarische Botschaft**, *Unter den Linden 76*

Der Neubau von 1999-2001 ersetzt einen DDR-Nachkriegsbau, der den Botschaftsgebäuden auf den nahen Grundstücken Wilhelmstraße 65-66 und Unter den Linden 72 ähnelte. Der Budapester Architekt **Adám Sylvester** entwarf ein klassisch gegliedertes Bürohaus mit einer Sockelzone, Hauptgeschossen und einem eng durchfensterten Attikageschoss vor dem Schrägdach. Durch vertikale Wandrücklagen und den Versatz verschieden breiter Sandsteinplatten ist die Fassade dezent gerastert. Die Hausecke ist durch einen Glastrakt herausgehoben, kleine Keramikelemente schmücken den Bau, der sich im Blockinnern in ein überdachtes Atrium öffnet.

**Britische Botschaft**, *Wilhelmstraße 70-71*

Die im Jahr 2000 eingeweihte Britische Botschaft wirkt von außen wie ein bewusster Scherz. **Michael Wilford** befolgte zwar die städtebaulichen Vorgaben des »steinernen« Berlin, doch wandelte er sie gleichzeitig ironisch ab. Die Sandsteinfassade mit der einheitlichen Fensterreihung erweist sich sofort als reine Kulisse. Aus dem großen Loch in der Mitte der Straßenfront ragen zwei poppig-bunte Baukörper in den Straßenraum: rund und lila ein Tagungsraum, hellblau und trapezförmig das Informationszentrum. Die Büroräume sind um einen offenen Hof im Zentrum der Anlage gruppiert. An dieser Stelle stand bereits der kriegszerstörte Vorgängerbau.

**Hotel Adlon**, *Unter den Linden 75-77*

Auf den ersten Blick wirkt das neue Hotel Adlon (1995-97 von **Patzschke & Klotz**) wie eine Kopie des 1907 eröffneten legendären Vorgängers. Es besitzt jedoch ein Stockwerk mehr bei gleicher Gebäudehöhe. Die Hauptfront ist doppelt so breit, da auch das Nachbargrundstück an der Ecke zur Wilhelmstraße mit einbezogen wurde; die Grenze der beiden Parzellen ist durch einen kleinen Rücksprung der Fassade gekennzeichnet. Zudem wurden die Formen des Bauschmucks vereinfacht. Zum Adlon-Komplex gehört nun nach langem Leerstand auch der Apartmentbau von **Wilhelm Peichl** (1998-2000, Wilhelmstraße 72/Ecke Behrenstraße) mit einer interessanten Ecklösung.

Die Kioske, Infosäulen und die anderen markanten Straßenmöbel auf dem Mittelstreifen der Linden wurden von Josef Paul Kleihues entworfen (1998–2002). Das Eckhaus Unter den Linden 69–73/Wilhelmstraße ist im Kern ein DDR-Bau, hier residierte bis 1989 Margot Honecker als Ministerin für Volksbildung. Es wird heute ebenso vom Bundestag genutzt wie der benachbarte Neorenaissance-Palazzo, der 1901–03 für das Preußische Kultusministerium entstand (Architekt: Paul Kieschke). Das *Europäische Haus*, Sitz der Vertretungen von Europäischer Kommission und Europäischem Parlament, entstand als traditionelles Bürohaus in grauem Sandstein nach Plänen von

**Akademie der Künste**, *Pariser Platz 4*

Um den Neubau für die Akademie der Künste Berlin-Brandenburg gab es jahrelange Diskussionen. Das Ergebnis des Wettbewerbs unter den Mitgliedern der Abteilung Baukunst widersprach nämlich den Gestaltungsvorschriften für den Pariser Platz, die als Hauptmaterial der Fassaden Stein vorsahen. Dank einer Ausnahmegenehmigung konnte schließlich in den Jahren 2000–04 der Plan von **Günter Behnisch** realisiert werden. Ein Glasbau legt sich nun um die noch erhaltenen, sanierten Atelier- und Ausstellungsräume von 1905/06 (von **Ernst von Ihne**). Die gläserne Platzfassade ist an den Proportionen der kriegszerstörten Altbaufassade orientiert.

**DG-Bank**, *Pariser Platz 3*

Äußerst kreativ ging **Frank O. Gehry** mit den Gestaltungsvorschriften um. Der Vater des Dekonstruktivismus zog den vorgeschriebenen Anteil Steinfläche gleichsam zu Pfeilern zusammen, zwischen denen sich, nur durch schwache Brüstungen gehalten, die zum Teil schräg gestellten Fenster erheben. Die Fassade spiegelt so die Grundform des *Brandenburger Tors* wider. Im Innenhof birgt eine asymmetrische Glas- und Metallkonstruktion ein Auditorium. Die Seitenflügel leiten zum zehngeschossigen Wohnungstrakt an der Behrenstraße über, wo der Bau ein für Gehry typischeres Bild zeigt: Einer gewellten, ausbauchenden Fassade sind kleine Guckkastenfenster vorgehängt.

**Französische Botschaft**, *Pariser Platz 5*

Als Sieger eines nationalen Wettbewerbs errichtete der Pariser Architekt **Christian de Portzamparc** 1999–2002 die Französische Botschaft, die in L-Form bis zur Wilhelmstraße reicht. Die Hauptfassade wandelt den klassischen dreizonigen Aufbau eigenwillig um: Das Sockelgeschoss ist bis auf den Eingang und kleine Fensterchen völlig geschlossen; die Fenster der beiden Hauptgeschosse sind zu jeweils einem zusammengezogen, die Fensterlaibungen sind zum *Brandenburger Tor* hin abgeschrägt; das fünfte Geschoss ist durch ein schmales Fensterband geöffnet. Im zurückgesetzten gläsernen Attikageschoss befindet sich die Residenz des Botschafters.

Hans Kollhoff und Helga Timmermann 1997–99 (Unter den Linden 78). Es bildet im Blockinnern einen gemeinsamen Innenhof mit dem benachbarten Büro- und Wohnhaus (Pariser Platz 4a/Unter den Linden 80) der Wiener Architekten Ortner & Ortner (1997–2000) • Der Pariser Platz, Berlins »gute Stube«, wurde 1734 als »Quarré« angelegt und zunächst mit einheitlich-schlichten Häusern bebaut, die nach und nach repräsentativen Palais Platz machten. Seinen heutigen Namen trägt der Platz seit der Einnahme von Paris im Krieg gegen Napoleon 1814, und im gleichen Jahr wurde auch die 1806 nach Paris entführte Quadriga im Triumphzug zurückgeholt. Seit der Mitte

**Eugen-Gutmann-Haus der Dresdner Bank**, *Pariser Platz 5a-6*

Das Büro **Gerkan, Marg & Partner** entwarf 1996/97 eine strenge Sandsteinfassade in klassischer Gliederung. Die Fensterachsen sind jeweils zu Paaren zusammengefasst, die Mitte des Gebäudes ist durch die hohe Portalnische und die Fensterstellung in den oberen Geschossen betont. Im zurückgesetzten, mit patiniertem Kupfer versehenen Attikageschoss sind Wohnungen untergebracht. Im Zentrum des Gebäudes befindet sich ein rundes Atrium. Das benachbarte *Palais am Pariser Platz* (Pariser Platz 6a/Ebertstraße 24, 1996-98 von **Bernhard Winking** mit **Martin Froh**), orientiert sich an der Vorkriegsbebauung von **August Stüler** aus den 1840er Jahren.

**Haus Liebermann**, *Pariser Platz 7*

Bis zum Zweiten Weltkrieg wurde das *Brandenburger Tor* von einem Häuserpaar flankiert, das **August Stüler** 1844-48 errichtet hatte: *Haus Sommer* und Haus Liebermann. Im nördlichen Haus wohnte und arbeitete der Maler Max Liebermann bis zu seinem Tod 1935. In seinen 1992-99 entstandenen Neubauten orientierte sich **Josef Paul Kleihues** bis in Einzelheiten an den Vorgängerbauten, wobei er sie etwas vom Tor abrückte und bei gleicher Gebäudehöhe ein Geschoss mehr unterbrachte. Die Fassaden zitieren aber nicht die klassizistischen Dekorformen, sondern wandeln sie ab, etwa durch die bündig mit den Fenstern abschließenden Verdachungen.

**Brandenburger Tor**, *Pariser Platz*

**Carl Gotthard Langhans** nahm sich für das bei weitem aufwändigste und einzige erhaltene der 18 barocken Berliner Stadttore die Propyläen der Athener Akropolis zum Vorbild. 1789 begonnen und zwei Jahre später als »Friedenstor« eröffnet, sollte es die Offenheit der selbstbewussten Residenzstadt symbolisieren. Ursprünglich schloss das Tor mit den seitlichen Wachhäusern an die Stadtmauer an. Dorische Säulen verdecken die Mauern zwischen den elf Meter hohen Durchfahrten, deren Reliefs die Taten des Herakles darstellen. Über dem dorischen Gebälk und der Attika thront **Gottfried Schadows** kupferne Quadriga mit der Siegesgöttin.

des 19. Jahrhunderts durch klassizistische Fassaden geprägt, wurde die Bebauung des Platzes im Zweiten Weltkrieg schwer beschädigt und später abgetragen. Seit 1961 verlief die Berliner Mauer nur wenige Meter hinter dem *Brandenburger Tor*. Der nun frei stehende Bau wurde so zum Symbol der Teilung, 1989 aber auch zum Sinnbild der Einheit Deutschlands und Europas. 1993 beschloss der Berliner Senat die Wiederbebauung des Platzes in einer Architektur, die sich in moderner Form an der alten Umbauung orientieren sollte. Die Wirkung des gesamten Platzes sollte Vorrang erhalten gegenüber der Originalität der Einzelbauten. Nach langen Diskussionen um eine

**Holocaust-Mahnmal**, *Behrenstraße/Ebertstraße*

Nach jahrelangen heftigen Diskussionen wurde im Januar 2000 der Grundstein gelegt für das »Denkmal für die ermordeten Juden Europas«. Ein erster Wettbewerb hatte 1995 500 Teilnehmer angezogen, den beschränkten zweiten Wettbewerb gewannen 1997 der Architekt **Peter Eisenman** und der Bildhauer **Richard Serra** mit einem Labyrinth aus 4000 Betonstelen. Nach Serras Rückzug entsteht nun nach Eisenmans Plänen ein Feld von 2700 Stelen, die durch ihre Höhenstaffelung der Gesamtanlage ein wellenförmiges Relief verleihen. Sie sind so platziert, dass man zwischen ihnen hindurchgehen kann. Unterirdisch entsteht ein »Ort der Information«.

**Landesvertretungen**, *In den Ministergärten 4–10*

Die *Landesvertretungen von Niedersachsen* und *Schleswig-Holstein* (Nr. 8–10) sind durch ein breites gläsernes Atrium mit außenliegender Stahlkonstruktion zu einem Block zusammengefasst. Die parallel liegenden Baukörper sind durch rote Metallprofile und die unkonventionelle Fensterplatzierung zwischen den grauen Kalksteinplatten belebt. Die *Rheinland-Pfälzische Vertretung* (Nr. 6) stellt sich zur Straße hin als einfacher Kubus dar, aus dem der Eingangs- und der Dachbereich ausgespart sind. Ganz ebenmäßig ist die *Saarländische Vertretung* aufgebaut. Der schlichte Würfel ist im rückwärtigen Teil in ein offenes Raster aufgelöst. Alle Bauten entstanden 1998–2001.

**Landesvertretungen**, *In den Ministergärten 1–5*

Zwei L-förmige Baublöcke, die durch ein gläsernes Atrium verbunden sind, bilden die *Gemeinschaftsvertretung von Brandenburg und Mecklenburg-Vorpommern* (1999–2001, **gmp von Gerkan, Marg & Partner**). Zwischen den dreiteiligen Fenstergruppen sind die schwarzen Schieferplatten stehend, in Höhe der Geschossdecken liegend aufgebracht. Die *Hessische Vertretung* (von **Michael Christl** und **Joachim Bruchhäuser**) ist ein vielgestaltiger Baukörper mit charakteristisch vorkragenden Geschossen. Der kalksandsteinverkleidete Bau öffnet sich nach drei Seiten in durchlaufenden Fensterbändern, nur die Ostseite zeigt schmale stehende Fensterformate.

Sicherheitszone wird nun auch das letzte Grundstück wieder bebaut: In der Südwestecke entsteht die *Amerikanische Botschaft* nach Plänen von Moore, Rubel & Yudell. Aus Sicherheitsgründen wird die Behrenstraße um einige Meter nach Süden verlegt. Zwischen Ebert- und Wilhelmstraße erstreckten sich die so genannten »Ministergärten«. Seit dem frühen 19. Jahrhundert bezogen nach und nach Ministerien und Behörden die Barockpalais an der Wilhelmstraße, in den ausgedehnten Gärten konnten sich Politiker und hohe Beamte unbeobachtet treffen und unterhalten. Nach dem Zweiten Weltkrieg lag das Gelände brach und für lange Jahre im Sperrgebiet der Berliner Mauer.

Tour 5

# Spandauer Vorstadt und Prenzlauer Berg

**S-Bahnhof Hackescher Markt**

Der ehemalige Bahnhof Börse (diese lag am Spreeufer gegenüber dem *Berliner Dom*) ist weitgehend in seiner originalen Gestalt von 1882 erhalten. Die etwa 100 Meter lange und 16 Meter breite Halle ist mit einem flachbogigen Dach geschlossen, ursprünglich saß in der Mitte ein spitzes Oberlicht auf. Als reiche Schaufassade ist die Seite zum Hackeschen Markt gestaltet: Mehrfach abgetreppte Flachbögen überfangen die unteren Ladengeschäfte, das Obergeschoss nimmt mit den von zwei Pilastern eingefassten Rundfenstern und den seitlichen Ornamentfeldern Renaissanceelemente auf. Die Fliesen und die Lampen der Bahnsteighalle entsprechen nicht dem Original.

**Neuer Hackescher Markt**, *Hackescher Markt 1*

Dieses vielbeachtete Ensemble entstand 1996–98 nach Plänen der Berliner Architekten **Götz Bellmann** und **Walter Böhm**. Die große Baufläche, auf der bis zur Kriegszerstörung sechs Wohn- und Geschäftshäuser standen, wurde mit neun ganz unterschiedlich gestalteten Vorderhäusern besetzt. Bellmann und Böhm griffen bei der Fassadengestaltung verschiedene traditionelle Muster auf und setzten sie in eine moderne Formsprache um – mit Vor- und Rücksprüngen, mal horizontal, mal vertikal betont, mit Dachschrägen oder gestaffelten Attikageschossen, mit kleinen Fenstern in großen Wandflächen oder großen Fensterflächen zwischen knappen Pfeilerfassaden.

Vor dem Spandauer Tor entwickelte sich seit Ende des 17. Jahrhunderts die größte und wichtigste Berliner Vorstadt. Das Grundgerüst bildeten die Landstraßen, die vom Spandauer Tor aus in Richtung Spandau/Oranienburg, Neuruppin/Hamburg, Rosenthal und Schönhausen führten. Ab 1732 wurde das Viertel durch die neue Akzisemauer ins Stadtgebiet mit einbezogen. Die barocken Festungsanlagen verschwanden, und an der Stelle der Bastion vor dem Spandauer Tor ließ der Stadtkommandant von Hacke einen Markt anlegen, der bis heute als zentraler Platz des Viertels dient. Die Spandauer Vorstadt, in der anfangs vorwiegend Handwerker und Arbeiter wohnten

**Hackesche Höfe**, *Rosenthaler Straße 40–41*

Europas größte Hinterhofanlage entstand 1906/07 nach Plänen von **Kurt Berndt**. Restaurants und Gewerbe, Geschäfte und Wohnungen um acht Höfe herum versprachen den Investoren eine gute Einnahmequelle. Tatsächlich ließen sich hier die unterschiedlichsten Mieter nieder, und diese (wiederbelebte) anregende Mischung hat die Höfe nach der Sanierung in den 90er Jahren zu einem Zentrum der Spandauer Vorstadt wie des Berliner Nachtlebens gemacht. Mit farbigen Klinkern gestaltete **August Endell** den ersten Hof zu einem Schmuckstück des Jugendstils. Die Straßenfassade mit den rundbogigen Dachabschlüssen wurde vereinfacht wiederhergestellt.

**Ehem. Kaufhaus Wertheim**, *Rosenthaler Straße 28–31*

Von den großen Berliner Warenhäusern, die **Alfred Messel** für den Wertheim-Konzern erbaute, blieb nur dieses eine erhalten. Es steht an historischem Ort: Hier hatte Arthur Wertheim 1885 sein erstes Geschäft für Manufaktur- und Modewaren eröffnet. Die Vorderfront und das Innere sind stark verändert, die Seitenfront zeigt das originale Aussehen. Charakteristisch ist der strenge Rhythmus der Pfeilerfassade, deren Vertikalzug hier aber ein waagerechtes Gegengewicht erhielt. Die Wandflächen des Obergeschosses sind mit einem gotisch anmutenden Stabwerk überzogen. Der Bau entstand 1903 – zeitgleich zum Kaufhaus am Leipziger Platz.

**Handwerkervereinshaus/Sophiensäle**, *Sophienstraße 18*

1905 ließ sich der Berliner Handwerkerverein auf dem Hofgelände der Sophienstraße 18–18a einen Saalbau mit einem 3000 Plätze fassenden Großen Saal und mehreren Festsälen, Unterrichtsräumen und einer Bibliothek errichten. Die Säle, deren ursprünglicher Dekor weitgehend verloren ist, werden heute als »Sophiensäle« für Tanz- und Theaterprojekte genutzt. In die Straßenfassade, die von zwei älteren Wohnhäusern gebildet wird, fügten die Architekten **Joseph Fraenkel** und **Theodor Kampffmeyer** ein Doppelportal mit einer zweischiffigen überwölbten Durchfahrt ein. Der neugotische, aufwändig dekorierte Backsteingiebel trägt den Schriftzug »Berliner Handwerker Verein«.

und in der sich seit 1671 auch die so genannten »Schutzjuden« niederlassen durften, blieb von Kriegszerstörungen weitgehend verschont. Die beabsichtigte »Flächensanierung« durch Abriss ganzer Straßenzeilen kam bis 1989 über Anfänge nicht hinaus. Seit 1993 ist die gesamte Spandauer Vorstadt als Denkmalensemble unter Schutz gestellt. • Einen auffälligen Stilbruch bedeutet das von der Kritik hoch gelobte Geschäftshaus mit der Glasfassade Hackescher Markt 2–3 (2000 von Grüntuch & Ernst). Die ältesten Wohnhäuser der Rosenthaler Straße sind die Nr. 36 (von 1781) und Nr. 37 (von 1787). Die Sophienstraße ist die idyllischste der ganzen Vorstadt: Die fast sämtlich aus dem

**Sophienkirche**, *Große Hamburger Straße 29-31*

Die Pfarrkirche der Spandauer Vorstadt entstand 1712/13 vermutlich nach Plänen von **Philipp Gerlach** als auffallend schlichter, turmloser Quersaal. Die Bausumme stiftete Königin Sophie Luise, zu deren Erinnerung der Volksmund den Namen Sophienkirche prägte. Der 70 Meter hohe Turm von **Johann Friedrich Grael** kam 1732-34 hinzu. Er ist der einzige erhaltene der acht barocken Kirchtürme, mit denen Friedrich Wilhelm I. die Berliner Silhouette aufwerten ließ. Ihr heutiges neobarockes Aussehen erhielt die Kirche beim Umbau 1891/92, wobei man auch den Altar auf die östlichen Schmalseite verlegte. Auf dem Kirchhof befinden sich einige interessante Grabstätten.

**St.-Hedwigs-Krankenhaus**, *Große Hamburger Straße 5-11*

Berlins ältestes katholisches Krankenhaus reicht westlich der Straße bis weit in den großen Straßenblock hinein. Die Anlage erinnert mit ihren backsteinernen Fassaden und der überwiegend neugotischen Formsprache an eine mittelalterliche Klosteranlage. Die einzelnen Gebäude und Trakte wurden 1851-1928 in mehreren Etappen von verschiedenen Architekten errichtet. Der Kölner Dombaumeister **Vincenz Statz** entwarf das Haupthaus und die Kapelle im Hof; die von der Großen Hamburger Straße zurückgesetzte Fassade stammt ebenfalls von Statz (1879-81), der in der Straßenflucht liegende Bauteil vom bekannten Kirchenarchitekten **Max Hasak** (1886-89).

**Neue Synagoge**, *Oranienburger Straße 30*

Die mit einem vergoldeten Rippennetz überzogene Kuppel markiert wieder den Mittelpunkt eines kleinen jüdischen Viertels. Von der 1860-66 nach Plänen von **Eduard Knobloch** errichteten Synagoge, die mit 3200 Sitzplätzen die größte in Europa war, blieb nach der Kriegszerstörung allein der Vorbau erhalten. Die durch farbige Ziegelstreifen horizontal gegliederte Fassade zeigt orientalische Motive – die Eingangsarkaden sind der Alhambra originalgetreu nachgebildet. Die Eingangswand springt hinter zwei Turmbauten zurück, deren Aufsätze mit der großen Kuppel korrespondieren. Durch die beiden Seiteneingänge war einst die obere Frauenempore zugänglich.

19. Jahrhundert stammenden Fassaden wurden zur 750-Jahr-Feier Berlins 1987 saniert. Von der Sophienstraße 20–21 aus führt der Weg durch die *Sophie-Gips-Höfe*. Das neobarocke Ensemble Große Hamburger Straße 29–31 entstand 1903–05, das *Gemeindehaus der Sophienkirche* Nr. 28 1901/02. 1671 durften sich 50 Familien aus Wien in Berlin niederlassen; ein Jahr später wurde an der Großen Hamburger Straße der jüdische Friedhof angelegt, heute ein Park. In der Großen Hamburger Straße 15/16 erinnert eine Installation von Christian Boltanski seit 1990 an die einstigen Bewohner des zerbombten Hinterhauses. Das Haus Nr. 19a (von 1691) ist das älteste erhaltene Haus der

**Postfuhramt**, *Oranienburger Straße 35-36*

Der vielleicht aufwändigste Berliner Behördenbau seiner Zeit entstand 1875-81 als Postfuhramt (Architekt: **Carl Schwatlo**). Der Hauptbau beherbergte Verwaltungsräume, Wohnungen, ein Postamt und ein Ingenieurbüro, im Hof waren in zwei niedrigen Trakten die Postkutschen und etwa 250 Pferde untergebracht. Hübsch ist das große Relief einer Postkutsche an der Hoffront. Die langen Straßenfassaden, die mit hochwertigen Terrakotten geschmückt sind, kulminieren in einer monumentalen Eckpartie; im attikabekrönten Anbau an der Tucholskystraße liegt ein Versammlungssaal. Das Gebäude wird seit Jahren sporadisch für Kunstausstellungen genutzt.

**Tacheles**, *Oranienburger Straße 54-56a*

1990 besetzten junge Künstler die Kriegsruine und richteten Ateliers und Ausstellungsräume, Cafés, ein Kino und einen Theatersaal ein. Nach den Sicherungsarbeiten der letzten Jahre hat die Ruine allerdings äußerlich viel von ihrem Flair verloren. In der 1909 nach Plänen von **Franz Ahrens** entstandenen Friedrichstraßenpassage taten sich ursprünglich kleinere Spezialgeschäfte gegen die Konkurrenz der Warenhäuser zusammen. Vom hohen Eingangsbogen führte eine gläserne Passage zu einem Kuppelraum und weiter zur Friedrichstraße. Der Stahlbetonbau erhielt eine Kalksteinfassade mit zweigeschossigem rustiziertem Sockel und figürlichem Fassadenschmuck.

**Adalbertkirche**, *Linienstraße 101*

Die 1932/33 entstandene katholische Adalbertkirche fügt sich mit ihrer Chorwand in die nördliche Häuserflucht der Linienstraße ein. In die von nur zwei Fensterschlitzen durchbrochene Backsteinwand ist mittig eine Nische eingeschnitten, aus der halbkreisförmig der Chorturm mit der Apsis emporragt. Man betritt die Kirche durch den Hof des Hauses Torstraße 168. Das klar gegliederte Innere der vom Wiener Architekten **Clemens Holzmeister** entworfenen Kirche beeindruckt besonders durch die geschickte Lichtführung. Der Altarraum wird durch die hohen Fenster des Chorturms belichtet, die die flache Decke des Kirchenraumes durchstoßen.

Spandauer Vorstadt. Ebenfalls interessant: Das ehemalige *Haupttelegraphenamt* (Oranienburger Straße 73–76, von 1910–13), die ehemalige *Große Landesloge* (von 1789/91, 1831 aufgestockt, Oranienburger Straße 71–72) und das einstige *Fernsprechamt* mit expressionistischer Fassade (von 1925/26, Tucholskystraße 6–14). • Die *Feuerwache »Stettin«* in der Linienstraße 128–129 (von 1859) ist die älteste erhaltene Wache der Berliner Berufsfeuerwehr. Die Linienstraße verlief längs der barocken Akzisemauer, der »Linie«, innerhalb der Stadt. Hier, in der Auguststraße und in den kleineren Nebenstraßen finden sich zahlreiche Wohnhäuser aus dem 18., 19. und 20. Jahrhundert, zum

**Stadtbad Mitte**, *Gartenstraße 5*

Eines der schönsten Schwimmbäder Berlins verbirgt sich hinter der nüchternen gelben Backsteinfassade, die sich glatt in die Flucht der älteren Mietshäuser einfügt. In diesem Bauteil wurden 46 Duschkabinen, 80 Wannenbäder, 20 medizinische Bäder und ein russisch-römisches Dampfbad für die Bewohner der Nachbarschaft untergebracht. Kern der Anlage ist eine lichtdurchflutete Schwimmhalle mit 50-Meter-Becken, deren Wände und Decke in ein schlankes Stützraster mit ebenfalls kleinteilig gerasterter Doppelverglasung aufgelöst sind. Ihr Außenbau ist von der Bergstraße aus zu bewundern. Architekten waren **Carlo Jelkmann** und **Heinrich Tessenow** (1929/30).

**Ehem. Brauerei Josty**, *Bergstraße 22*

Hinter dem fünfgeschossigen Mietshaus von 1878 verbirgt sich im Hof das schlanke fünfgeschossige Gebäude der Jostyschen Brauerei, das – ungewöhnlich für ein Hofgebäude – sehr repräsentativ gestaltet ist: Der großzügig durchfensterte Backsteinbau ist mit neugotischem Sandsteindekor geschmückt und wird von einem übergiebelten Mittelrisaliten beherrscht. Der 1890/91 von **Enders & Hahn** errichtete Bau diente bis 1914 als Brauerei. Im Zweiten Weltkrieg schwer beschädigt, wurde die Ruine 1994–95 saniert. Seitdem sind hier und in den älteren, schlichten Seitengebäuden ein Restaurant, Läden, Büros und Wohnungen untergebracht.

**Kapelle der Versöhnung**, *Bernauer Straße 4*

Die Nordseite der Bernauer Straße gehörte seit 1945 zu West-, die Südseite zu Ost-Berlin. Am 13. August 1961 begannen die DDR-Grenzer, die Fenster und Türen der südlichen Häuserfront zuzumauern. Noch bis 1980 dienten die Erdgeschosszonen als Mauerersatz. Mitten im Grenzstreifen stand die neugotische Versöhnungskirche, sie wurde erst 1985 gesprengt. An ihrer Stelle entstand 1999/2000 nach Plänen von **Reitermann & Sassenroth** die Kapelle der Versöhnung: Der ovale Kirchenraum mit einer 60 Zentimeter dicken Wand aus Stampflehm wird von einer äußeren Schale aus dichtem Holzstabwerk umfangen. Der Zwischenraum dient als Vorhalle und Sakristei.

Teil mit schönen Innenhöfen. In der in mehreren Etappen 1839–73 entstandenen *Hollmannschen Wilhelminen-Amalien-Stiftung* (Koppenplatz 11) fanden Witwen und unverheiratete Frauen Unterkunft. Zwischen der Linienstraße 98 und der Torstraße 164 erstreckt sich um zwei Innenhöfe das *Königliche Leihamt* (von 1847). Die große Backsteinanlage diente zur Aufbewahrung der versetzten Pfänder. • Zwischen Kleiner Hamburger Straße und Gartenstraße führte das Hamburger Tor aus der barocken Stadt hinaus in Richtung Neuruppin. Das nördlich gelegene Gebiet (bis hinauf zur *Zionskirche*) hieß früher Äußere Spandauer Vorstadt oder auch Rosenthaler Vorstadt.

**Markthalle VI**, *Ackerstraße 23-26*

1886-92 entstanden zwei städtische Zentralmarkthallen am Alexanderplatz und 13 Hallen in den verschiedenen Stadtteilen. Sie wurden nach Entwürfen des Stadtbaurats **Hermann Blankenstein** errichtet: Die Klinkerfassaden wurden dezent mit Terrakotta geschmückt, neben den stets zwei Eingängen (meist an den Stirnseiten) lagen Ladengeschäfte, für deren Inhaber im ersten Stock Wohnungen eingerichtet wurden. Die Hallen selbst waren Eisen- und Glaskonstruktionen, der Keller diente als Lager- und Kühlraum. Die als sechste Halle 1888 eingeweihte Ackerhalle ist die einzige der vier erhaltenen Hallen, deren Äußeres sich noch im Originalzustand präsentiert.

**Elisabethkirche**, *Invalidenstraße 3*

1828 präsentierte **Karl Friedrich Schinkel** fünf Alternativentwürfe für zwei große Pfarrkirchen der nördlichen Vorstädte; Friedrich Wilhelm III. wählte die am wenigsten originelle Lösung. Die 1830 begonnenen Arbeiten an der Elisabethkirche wurden bald wieder gestoppt, und bis 1835 entstand ein viel kleinerer, klassizistischer Bau, dessen zweigeschossiger Aufriss die innere Emporengliederung widerspiegelt. Er erhebt sich auf rechteckigem Grundriss. Die Apsis ist halbrund, die Pfeilervorhalle wiederholt das Motiv des Hauptgiebels. Die Kriegsruine wurde bis 2004 gesichert, in Zukunft soll die Kirche als Konzertsaal hergerichtet werden.

**Ehem. Kaufhaus Jandorf**, *Brunnenstr. 19-21/Veteranenstr.*

1904 eröffnete Adolf Jandorf hier sein erstes Warenhaus, dem er u.a. 1907 das *Kaufhaus des Westens* folgen ließ. 1926 wurde der Bau von Hermann Tietz übernommen, später war in dem nun seit langem leerstehenden Bau das Modeinstitut der DDR untergebracht. Das Architekturbüro **Lachmann & Zauber** entwarf eine strenge Pfeilerfassade, deren oberstes Verwaltungsgeschoss vom weit vorkragenden Dach mit dem Turmaufsatz überschattet wird. Das Erdgeschoss ist zu großen Schaufenstern geöffnet, die Zone der Verkaufsgeschosse wird durch den Bauschmuck über den Rundbogenfenstern des dritten Stocks abgeschlossen. Zweiachsige Risalite leiten zu den Nachbarhäusern über.

1752 ließ Friedrich der Große entlang der Acker-, Berg- und Gartenstraße Reihenhäuser für Maurer und Zimmerleute errichten, die sich im Sommer in Berlin verdingten. Neu-Vogtland, wie es nach der Herkunft der meisten Bewohner genannt wurde, entwickelte sich zu einer dichtbevölkerten Armenkolonie. Die heutige Bebauung stammt überwiegend aus der zweiten Hälfte des 19. Jahrhunderts. Die Veteranenstraße führt hinauf auf die Hochebene des Barnim, rechts liegt der »Volkspark am Weinberg« – früher wurde hier Wein angebaut. Viele Altbauten des Gebiets stammen aus der Zeit um 1860/70. Die meisten verloren ihre Stuckfassaden bei der Sanierung Anfang der 70er

**Zionskirche**, *Zionskirchplatz*

Die nach dem missglückten Anschlag auf Wilhelm I. in Baden-Baden 1860 gestiftete Kirche errichtete **August Orth** 1866-73. Der aufwändige Backsteinbau zeigt eine Mischung aus spätklassizistischen und neoromanischen Formen. Wegweisend wurde der innere Aufbau: Das Kirchenschiff ist kreuzförmig angelegt, wirkt aber durch die große Vierung, die halbrunde Apsis, die kurzen Seitenschiffe und die umlaufenden Emporen wie ein Zentralraum. Das Gewölbe und die Emporen werden von Pfeilern getragen, die dicht vor den Außenwänden stehen und die Wandstruktur dadurch zweischalig erscheinen lassen. Vom Turm genießt man einen wunderbaren Blick über die Stadt.

**Hochbahnhof Eberswalder Straße**

Die einstige Allee zum *Schloss Niederschönhausen* und heutige Haupteinkaufsstraße des Bezirks erhielt zwischen 1870 und 1913 ihr heutiges Gesicht. Am 25. Juli 1913 wurde nämlich die 3,5 Kilometer lange U-Bahnlinie vom Alexanderplatz zum Bhf. Nordring (heute Schönhauser Allee) eröffnet – als Hochbahn in Stahlkonstruktion, vom Volksmund »Magistratsschirm« genannt. Der Bahnhof Eberswalder Straße, ursprünglich Danziger und bis 1992 Dimitroffstraße, ist ebenso wie der zweite *Hochbahnhof Schönhauser Allee* weitgehend original erhalten. Der Entwurf stammte vom Chefarchitekten der U-Bahn, dem Schweden **Alfred Grenander**.

**Kulturbrauerei**, *Schönhauser Allee 36-39/Knaack-/Sredzkistr.*

Das ausgedehnte Gelände, 1871-1926 sukzessive bebaut, ist eine der wenigen großen alten Fabrikanlagen, die komplett erhalten geblieben sind. **Franz Schwechten**, vom dem auch die *Gedächtniskirche* und der *Anhalter Bahnhof* stammen, errichtete den Stammsitz der Schultheiß-Brauerei in zum Teil monumentalen neoromanischen Formen. Die mit gelbem oder rotem Backstein verblendeten Lager- und Produktionsgebäude und das durch einen schlanken Turm markierte Bierrestaurant an der Ecke zur Schönhauser Allee wurden in den 90er Jahren saniert. Die Gebäude werden heute von Kulturinstitutionen, Gastronomie, einem Kino, einem Museum, aber auch für Läden und Büros genutzt.

Jahre. Die Schwedter Straße bildet die Grenze zwischen den (Alt-)Bezirken Mitte und Prenzlauer Berg. Die Kastanienallee hat sich seit den frühen 1990er Jahren zur Kneipenmeile entwickelt, wie überhaupt Prenzlauer Berg in diesem Jahrzehnt neben der Spandauer Vorstadt zum wichtigsten »Szeneviertel« wurde. Bis heute behauptet es seinen Ruf, wenngleich die »junge Szene« nach Friedrichshain abgewandert ist. Das Viertel nordöstlich der Innenstadt wurde ab etwa 1870 gemäß dem im Hobrecht-Plan von 1862 vorgegebenen Straßenraster bebaut. Die teilweise 60 Meter tief in die Straßenblöcke reichenden Grundstücke wurden eng mit mehreren Hinterhäusern besetzt; als

**Wasserturm**, *Belforter Straße/Knaackstraße*

1856 erhielt Berlin als erste deutsche Stadt eine Versorgung mit fließendem Wasser. Als Vorratsbehälter neben dem Wasserwerk am Stralauer Tor diente ein Reinwassererdbehälter auf dem Windmühlenberg, neben dem als Sicherheitsventil der noch heute stehende Standrohrturm errichtet wurde. Um die Wasserversorgung der rasch wachsenden Stadt und vor allem des neuen Viertels auf der Hochebene zu sichern, entstand 1877 der massige Wasserturm (nach Plänen des Wasserwerkdirektors **Henry Gill**), dessen untere sechs Geschosse Wohnungen aufnahmen. Der Hochbehälter darüber, mit einem ursprünglichen Fassungsvermögen von 1065 Kubikmetern, war bis 1952 in Betrieb.

**Königstadt-Terrassen**, *Schönhauser Allee 10–11*

Der Bau von **Thomas Müller** und **Ivan Reimann** entstand 1995–97 auf dem Gelände der ehemaligen Königstadt-Brauerei, deren erhaltene Altbauten für Büro- und Gewerbenutzung saniert wurden. Auf einem natursteinverkleideten Sockel aufsitzend, sind zwei L-förmige backsteinverkleidete Baukörper so aneinandergefügt, dass sie zur Straße hin einen Ehrenhof ausbilden. Er ist aber, über den Ladengeschäften im Sockelgeschoss platziert, nicht öffentlich zugänglich. Schräg gegenüber lag an der Schönhauser Allee 178 eine weitere der einstmals elf Brauereien in Prenzlauer Berg: die *Brauerei Pfefferberg* mit einem von Kolonnaden abgeschirmten Biergarten.

**Volksbühne**, *Rosa-Luxemburg-Platz 1*

1906–10 entstand auf dem Areal des ursprünglichen Scheunenviertels der Bülow-, heute Rosa-Luxemburg-Platz und in seinem Zentrum 1913/14 die Volksbühne, deren monumentaler Baukörper durch die vereinfachte Wiederherstellung nach dem Krieg noch klobiger wirkt. Der renommierte Theaterarchitekt **Oskar Kaufmann** errichtete einen technisch hochmodernen Bau, dessen Zuschauerraum nur noch einen Balkon aufwies – und damit die demokratischen Zielsetzungen der Theaterorganisation »Freie Volksbühne« widerspiegelte. Sehenswert ist die aus der Zeit des Wiederaufbaus zu Beginn der 50er Jahre stammende Innenausstattung der Foyers und der beiden Salons.

Mindestmaß eines Hinterhofs war der Wenderadius der Feuerspritze festgesetzt: 5,50 mal 5,50 Meter. Vom Zweiten Weltkrieg weitgehend verschont, blieb der dichtbesiedelte Bezirk von den DDR-Planern seinem Schicksal überlassen. Eine Insel inmitten der verfallenden Fassaden bildete einzig die Husemannstraße zwischen Sredzkistraße und Kollwitzplatz, die mit ihren schönen Stuckfassaden bis 1987 als Musterbeispiel einer Arbeiterstraße um 1900 rekonstruiert wurde. Das schöne historistische *Stadtbad* Oderberger Straße 57–59 (1899–1902 von Ludwig Hoffmann) wird seit der Schließung 1986 sporadisch für Kulturveranstaltungen genutzt. Der Jüdische Friedhof an der Schön-

**Wohnhaus mit dem Kino Babylon**, *Rosa-Luxemburg-Straße 30*

Verzögert durch Weltkrieg und Inflation, wurde erst 1927 ein Wettbewerb zur Randbebauung des damaligen Bülowplatzes ausgeschrieben. 1928/29 entstanden nach Plänen von **Hans Poelzig** acht Wohnbauten mit Ladengeschäften, die nur teilweise den Krieg überlebt haben. Die Fassaden sind typisch für die Neue Sachlichkeit: Sie sind streng horizontal gegliedert, die Fenster werden durch Rahmungen zu Bändern zusammengefasst, die abgerundeten Ecken durch Balkone betont, die Dachkanten kragen weit vor. Das Filmtheater Babylon wurde im April 1929, noch zu Ende der Stummfilmzeit, eröffnet und wartet im Innern mit einer original erhaltenen Kinoorgel auf.

**Wohnhäuser** *Rosa-Luxemburg-Straße 22-27*

Die Häuser an der Ecke Hirtenstraße, die mit ihren Eckbalkonen den Schwung der **Poelzig**-Bauten aufnehmen und doch biederer wirken, stammen ebenso wie der Straßenzug, der die Volksbühne rückseitig einfasst (Linienstraße 16-21, 225-226a, 228-230a), von 1935. Architekt war der vor und nach 1933 vielbeschäftigte **Richard Ermisch**. Deutlich wird der Wandel der Architekturvorstellungen nach 1933 auch am Wohnblock Rosa-Luxemburg-Straße 31-37/Hirtenstraße 7-10, der erst 1936, nach Poelzigs Tod, errichtet wurde. Entgegen Poelzigs Entwurf wurden die Eckbalkone weggelassen, die Fensterformate verkleinert, das Dach wesentlich steiler gesetzt.

**Grenanderhaus**, *Rosa-Luxemburg-Straße 2-4*

**Alfred Grenander** entwarf als Hausarchitekt der Berliner U-Bahn zahlreiche U- und Hochbahnhöfe. 1928-30 entstand nach seinen Plänen das Verwaltungsgebäude der Nord-Südbahn AG, das im Hof ein Umformwerk für die damals angelegte U-Bahnlinie 8 umschließt. Der siebengeschossige Büroblock ist über den beiden Ladengeschossen streng horizontal gegliedert: Die Fensterzonen sind zwischen und über den liegenden, dreiteiligen Fenstern mit Muschelkalk verkleidet, die Brüstungen sind als durchlaufende Klinkerbänder gebildet. Diese Grundform nimmt eine Ecke weiter (Dircksenstraße 38) das 1984-87 entstandene Gebäude der Wohnungsbaugesellschaft Mitte auf.

hauser Allee 23–25 wurde 1827 angelegt, hier liegen zahlreiche bedeutende Berliner begraben. • Rings um die Scheunen, in denen die Stadt Berlin leicht entzündliche Vorräte lagerte, siedelten sich im 19. Jahrhundert die Ärmsten der Armen, das »Lumpenproletariat« an. Als man um 1900 das Scheunenviertel abriss, hatte sich das Armen-, Gauner- und Hurenviertel längst nach Westen ausgedehnt, bis etwa zur Rosenthaler Straße. Die Gegend entwickelte sich zum Viertel der osteuropäischen Juden, die vor allem seit dem Ersten Weltkrieg in großer Zahl nach Berlin kamen. Der Charakter dieses in den 30er Jahren verschwundenen Viertels ist heute kaum noch zu erahnen.

**Volkskaffeehaus**, *Neue Schönhauser Straße 13*

Wo heute Szenegänger im »Schwarzen Raben« einen teuren Espresso schlürfen, konnten ab 1891 »Unbemittelte, und zwar Männer und Frauen getrennt, Kaffee mit Zubrot für ein Billigstes erhalten und verzehren«. Das viergeschossige Wohn- und Geschäftshaus für die Volkskaffeehaus- und Speisehallengesellschaft stattete **Alfred Messel** 1890/91 mit einer malerischen asymmetrischen Fassade im Stil der deutschen Renaissance aus; jedes Geschoss ist unterschiedlich gestaltet. Bei der Sanierung 1995-97 wurde auch die ursprüngliche Bemalung der Putzfassade mit dem Schriftzug restauriert. Ein zweites Volkskaffeehaus baute Messel in der Chausseestraße 105.

**Wohn- und Geschäftshaus** *Neue Schönhauser Straße 10*

Das Eckhaus Neue Schönhauser Straße 10 zeigte bis zu seiner Neugestaltung im Jahr 1929 eine ganz ähnliche Fassade wie das gleichzeitig entstandene Nachbarhaus in der Neuen Schönhauser Straße 11. Nahe der Straßenecke hat man in Höhe des zweiten bis vierten Stocks einen kleinen Teil der alten Neorenaissancefassade von 1887 freigelegt. Die Umformung im Stil der Neuen Sachlichkeit bezog die alten Fenster und Erker mit ein. Durch die rot und gelb gefasten Putzbänder, die bruchlos um die abgerundete Ecke führen, erhält die Fassade eine moderne Dynamik. In der Apotheke blieb die originale Ausstattung von 1888 bewahrt.

**SAP-Haus**, *Rosenthaler Straße 30*

Die Berliner Dependance der badischen Software-Firma SAP entstand 2003/04 nach Plänen des jungen Berliner Architekten **Marc Braun**, und sie steht beispielhaft für einen Trend: Nach der Phase des »steinernen Berlin« der 90er Jahre, als die großen Brachflächen bebaut wurden, setzen immer mehr Bauherren von Bürobauten nun auf Glas. Das SAP-Haus besetzt in der kleinteiligen Spandauer Vorstadt ein relativ großes Grundstück mit einer um Dynamik bemühten Architektur: Massige Aluminiumprofile trennen die vollständig verglasten Geschosse voneinander. Die Rückfronten zum Rosenthaler Hof zeigen schlichte Lochfassaden mit auffällig kleinen Fenstern.

Dagegen hat sich im Zwickel zwischen Alter Schönhauser und Rosenthaler Straße ein Viertel mit kleinen Straßen erhalten, das bis vor kurzem vielleicht am urtümlichsten wirkte. Mittlerweile sind die meisten Baulücken von Neubauten gefüllt, die sich leider nur in wenigen Fällen in das Flair einpassen. In der Linienstraße 60 entstand unter dem Namen »Schmaler Wohnen« ein Wohnhaus auf einem Eckgrundstück von vier Metern Tiefe (1998/99 von Martin Krehl). Aus den Wohnbauten in der Neuen Schönhauser Straße ragt das Haus Nr. 8 heraus – es trägt Fassadenschmuck des so genannten Zopfstils (errichtet um 1790 vermutlich von Georg Christian Unger).

Tour 6

# Dorotheenstadt und Friedrich-Wilhelm-Stadt

**Internationales Handelszentrum**, *Friedrichstraße 95*

Die 25-geschossige Hochhausscheibe gehört zu den markantesten Gebäuden der Berliner Silhouette. Sie entstand als Bau japanischer Firmen unter der Gesamtleitung von **Ehrhardt Gißke** 1976–78 für die Büros ausländischer Handelsvertretungen. Die Thermofenster und Brüstungen bilden auf den Längsseiten vom Boden aufsteigend eine einheitliche dunkle Fläche, die durch einen weißen Rahmen gehalten wird. In den fensterlosen, mit Aluminiumplatten verkleideten Ecken des Gebäudes befinden sich die Fahrstühle. Die zweigeschossigen Vorbauten zur Friedrichstraße hin wurden 2000–02 durch Neubauten nach Plänen von **Rhode Kellermann Wawrowsky & Partner** ersetzt.

**Kulturkaufhaus Dussmann**, *Friedrichstraße 90*

Durch den Umbau des Metropol-Hotels (1975–77) zum *Hotel Maritim* und den Neubau des Kulturkaufhauses Dussmann erhielt die Friedrichstraße wieder ihre alte Straßenbreite. Der 1995–97 nach Plänen von **Miroslav Volf**, **Mario Campi** und **Franco Pessina** erbaute Komplex umfasst den Kopfbau zur Friedrichstraße, der mit einer zweigeschossigen Kolonnade den Gehweg überspannt, ein neues Wohnhaus an der Dorotheenstraße 39 sowie drei rekonstruierte Altbaufassaden. Hinter der plastischen Neobarockfassade des Nachbarhauses Dorotheenstraße 37 verbarg sich das Hotel Splendid (1904), eines von ehemals vielen kleinen Hotels in dieser Gegend.

Die Tour beginnt in der historischen Dorotheenstadt, die 1674 als zweite Neustadt angelegt wurde. Die Siedlung erstreckte sich zwischen der Charlottenstraße im Osten und der heutigen Schadowstraße im Westen und umfasste drei Parallelstraßen: Unter den Linden, Mittelstraße und Hintergasse, später Letzte Straße (die heutige Dorotheenstraße). Die heutige Friedrichstraße erhielt – ebenfalls wenig einfallsreich – den Namen Querstraße. • In der Dorotheenstraße 28 befindet sich ein spätklassizistischer Backsteinbau: die ehemalige *Universitätsbibliothek*. Hinter den hohen Rundbogenfenstern im Obergeschoss lag der Lesesaal (1871–74). Zwischen Stadtbahn und Spree ent-

**Haus Dorotheenstadt**, *Universitätsstraße 2–3a*

**Johann Emil Schaudt**, von dem auch das *Kaufhaus des Westens* stammt, verlieh dem seinerzeitigen Handelshaus Hermes eine zurückhaltend-monumentale Fassade, in der die Vertikalen und die Horizontalen fein ausbalanciert sind. Im Innern ermöglichte der Stahlskelettbau eine flexible Einteilung der Büroetagen. Durch den flachen, übergiebelten Mittelrisaliten, der von einer Figurengruppe bekrönt ist, wird die Fassade zentriert. Weitere interessante Bürobauten sind die neobarocke ehemalige Handelskammer (Dorotheenstraße 26, 1903/04 von **Cremer & Wolffenstein**) und das sparsam historistisch dekorierte Bürohaus Universitätsstraße 3b (1903/04).

**Admiralspalast**, *Friedrichstraße 101–102*

Die ungewöhnlich reiche Fassade mit den kolossalen dorischen Halbsäulen und den Relieftafeln aus Kalkstein auf allen freien Wandflächen war als Werbung gedacht: Das Haus entstand 1910–11 (Architekt: **Heinrich Schweitzer**) als Vergnügungsort mit Kinos, Bars und Cafés. Im Innenhof befanden sich ein Schwimmbad, Restaurants und eine Eishalle, die 1922 zum Theater umgebaut wurde. Seine heutige Gestalt erhielt der Saal 1939–40. Bis 1997 spielte hier das Metropoltheater Operetten. Das Kabarett »Die Diestel« ist im Vorderhaus untergebracht. Interessant ist auch die leider stark vernachlässigte Rückfront zur Planckstraße mit exotischem Klinkerschmuck.

**Berliner Ensemble**, *Bertolt-Brecht-Platz 1*

Das »Neue Theater«, seit 1954 Spielstätte des von Bertolt Brecht gegründeten Berliner Ensembles, verbarg sich bis zu den Zerstörungen im Zweiten Weltkrieg hinter einer Mietshausbebauung am Spreeufer, die der bekannte Theaterarchitekt **Heinrich Seeling** zeitgleich mit dem Theater 1891–92 erbaute. Nur ein kleiner Vorplatz führte zum Theater, dessen Haupteingang sich deshalb auf der Schmalseite unter dem Turm befindet. Bei der Wiederherstellung nach dem Krieg wurde das Äußere seines ornamentalen Schmucks beraubt. Im Innern stellt sich das 760 Plätze umfassende Theater noch heute in seiner überbordenden neobarocken Pracht dar.

standen 1898–1902 große Kasernenanlagen mit Eckbauten und Neorenaissance-Giebeln, so längs der Geschwister-Scholl-Straße. Das vornehme Neobarockhaus in der Planckstraße 20–22 (von 1914/15) beherbergte großzügige Wohnungen für Beamte des Königlichen Theaters. Wo heute der *Tränenpalast* (die ehemalige Grenzabfertigungshalle von 1962) steht, sollte in den 20er Jahren Berlins erstes »Turmhaus« erbaut werden. Dazu kam es zwar nicht, aber Mies van der Rohes Wettbewerbsbeitrag eines vollständig verglasten Hochhauses ging als eines der Initialprojekte der Moderne in die Architekturgeschichte ein. Die *Weidendammer Brücke* hebt sich durch die kunstvollen

**Friedrichstadtpalast**, *Friedrichstraße 107*

Das 1981–84 vom Kollektiv **Walter Schwarz** errichtete größte Revuetheater Europas birgt im Innern u.a. einen Großen Saal für 1900 Zuschauer und einen kleinen Saal für 240 Zuschauer im südlichen Gebäudeteil. Der Außenbau ist mit sandsteinfarbenen Betonplatten verhängt, den Foyertrakt zur Friedrichstraße zieren verschiedenfarbige Glasbetonelemente, die zum »bunten« Programm eines Revuetheaters passen. Den alten Friedrichstadtpalast, der neben dem *Berliner Ensemble* in der Straße Am Zirkus stand, hatte **Hans Poelzig** 1918/19 durch expressionistischen Dekor in eine »Tropfsteinhöhle« verwandelt; wegen Bauschäden musste er 1986 abgerissen werden.

**Deutsches Theater**, *Schumannstraße 12–13a*

Das Deutsche Theater wurde 1883 von einer Schauspielersozietät gegründet, die auch gleich das 1850 entstandene Friedrich-Wilhelmstädtische Theater umbaute. Der Zuschauerraum zeigt noch heute weitgehend den Zustand der 1880er Jahre. 1905 übernahm Max Reinhardt das Haus, das schnell zu einem der führenden Theater Deutschlands aufstieg, ein Jahr später ließ er die *Kammerspiele* ausbauen. Aus dieser Zeit stammen u.a. die neoklassizistischen Fassaden beider Häuser und die Eingangshalle des Deutschen Theaters. Das Garderobenhaus auf der Ostseite des Vorplatzes wurde erst 1961 errichtet, der Zuschauerraum der Kammerspiele erhielt seinen Dekor 1979–83.

**Tierärztliche Hochschule**, *Luisenstraße 56*

Das Hauptgebäude der ehemaligen Tierarzneischule (heute Humboldt-Universität) entstand 1839–40 nach Plänen von **Ludwig Hesse** in klassizistischen Formen. Die Dreiflügelanlage umfängt zur Luisenstraße hin einen Ehrenhof. Durch die geraden Fensterabschlüsse und die Gesimse zwischen den drei Geschossen wird die Waagerechte betont, sodass der vorspringende übergiebelte Mittelbau mit seinen Rundbogenfenstern über nur zwei Geschosse umso festlicher wirkt. Neben dem Gebäude führt ein Durchgang auf das ausgedehnte Parkareal der einstigen Tierarzneischule, die 1787 auf dem Gelände des Gräflich Reußschen Gartens angelegt wurde. Es ist frei zugänglich.

Brüstungen und Laternenmasten von den meisten Berliner Brücken ab (1895–97 von Otto Stahn). • Die Friedrich-Wilhelm-Stadt erstreckt sich nördlich der Spree und westlich der Friedrichstraße. Das unter Friedrich Wilhelm III. angelegte Viertel wurde ab 1827 planmäßig bebaut. Aus jener Zeit sind zahlreiche Mietshäuser erhalten. Zu den interessanten Altbauten, die später entstanden, gehören das ehemalige *Maria-Viktoria-Krankenhaus*, seit 1999 Bundesgeschäftsstelle der FDP (1908–12 von C.C. Pickel im Stil der deutschen Renaissance, Reinhardtstraße 14–16), die ehemalige private Augenklinik in der Reinhardtstraße 34 (1907/08 von Breslauer & Salinger mit Schmuckformen der

**Anatomisches Theater oder »Trichinentempel«**, *Luisenstr. 56*

Von den ersten Bauten, die **Carl Gotthard Langhans** 1789/90 für die Tierarzneischule erbaute, hat sich das Anatomiegebäude erhalten, ein zweigeschossiger Putzbau auf quadratischem Grundriss mit dreiachsigen Risaliten und übergiebeltem Portalvorbau. In der Mitte des Gebäudes, eingefasst von Laborräumen, befindet sich der Hörsaal, der im Außenbau durch den breiten Tambour mit flacher Kuppel markiert ist. Die Ausstattung mit steil ansteigenden Sitzreihen und gotisierenden Brüstungen ist noch original, ebenso die Malereien der Kuppel. Im Stil der Neuen Sachlichkeit erbaute **Walther Wolff** 1930–33 das Schmiede-, Kassen- und Apothekengebäude.

**Charité**, *Schumannstraße 20–21*

Westlich der Luisenstraße erstreckt sich das weitläufige Gelände der Charité, deren Haupteingang in der Verlängerung der Charitéstraße liegt. Zwischen 1897 und 1917 entstand hier eine großzügig angelegte backsteinerne Stadt in der Stadt, für die die alten Klinikgebäude von **Gontard**, **Unger**, **Hesse** u.a. abgerissen wurden. 1708 als Garnisonslazarett und Pesthaus gegründet, wirkte die Charité durch die Verbindung von Krankenhaus und Ärzteausbildung vorbildlich. Heute ist sie mit 50 Kliniken an drei Standorten in Berlin das größte Klinikum Europas. Weithin sichtbares Wahrzeichen ist das 1976–82 nach Plänen von **Karl-Ernst Swora** errichtete, 21-geschossige *Chirurgiehochhaus*.

**Neues Tor**, *Robert-Koch-Platz/Platz vor dem Neuen Tor*

Das Neue Tor war eines der barocken Berliner Stadttore; ein Rest der Akzisemauer, die längs der heutigen Hannoverschen Straße weiter zum Oranienburger Tor lief, hat sich an der Hannoverschen Straße 9 erhalten. An der Stelle der einstigen Zollhäuser von **Karl Friedrich Schinkel** (1835), die im Zweiten Weltkrieg zerstört wurden, errichtete **Josef Paul Kleihues** die symmetrischen Torhäuser aus rotem Backstein, die mit ihren tiefen Arkaden und der hohen Kopfzone klassisch streng wirken. Auch die Wohn- und Geschäftshäuser an der Ostseite des Platzes stammen von Kleihues (Platz vor dem Neuen Tor 1a, 1b, 2, errichtet 1992–98).

Zeit um 1800) und die ehemalige private Geburtsklinik Prof. Straßmann (Schumannstraße 18, 1908/09 von Max Fraenkel mit Jugendstil- und Renaissanceelementen). Zu den interessanten Neubauten gehören das »Medienhaus« Reinhardtstraße 23–27 (1998/99 von Kny & Weber), die Wohn- und Bürobauten Reinhardtstraße 29–31 (1996–98 von Bellmann & Böhm, einbezogen ist das Portal eines ehemaligen Exerzierhauses von 1827/28) und der gläserne Eckbau Reinhardt-/Ecke Luisenstraße (1994/95 von Eller Maier Walter). Das *Langenbeck-Virchow-Haus* (Luisenstraße 58–59, 1914/15 von Hermann Dernburg) beherbergte 1950–76 die Volkskammer der DDR. Das Haus Robert-

**Bundeswirtschaftsministerium**, *Invalidenstraße 48–49*

Ältester Bauteil des Bundesministeriums für Wirtschaft und Arbeit ist das *Invalidenkrankenhaus* an der Scharnhorststraße, das Friedrich d. Gr. 1747/48 nach den Schlesischen Kriegen erbauen ließ. Der kriegszerstörte Mittelteil der ausgedehnten Dreiflügelanlage wurde 1997–2000 durch einen modernen Bau (von **Baumann & Schnittker**) ersetzt. Der beherrschende Altbau an der Invalidenstraße entstand 1905–10 für die Kaiser-Wilhelm-Akademie für das militärärztliche Bildungswesen. Später diente es u.a. als Reichsarbeitsministerium und seit 1971 als Regierungskrankenhaus. Wenige Schritte nördlich liegt der historisch interessante Invalidenfriedhof.

**Hamburger Bahnhof**, *Invalidenstraße 50–51*

Der letzte erhaltene Berliner Bahnhof der ersten Generation wurde 1846/47 erbaut, 1884 stillgelegt, seit 1906 als Verkehrs- und Baumuseum genutzt und 1911–16 um die beiden Flügel zur Straße hin erweitert, wodurch der heutige Ehrenhof entstand. 1993–96 baute **Josef Paul Kleihues** die Anlage zum »Museum für Gegenwart« um und erweiterte sie durch eine zweite große Ausstellungshalle mit einer fensterlosen, von Stahlstützen rhythmisierten Aluminiumwand längs des Kanals. Die von zwei Turmbauten bekrönte Fassade, deren Mittelteil wie ein Stadttor wirkt, ist klassizistisch. Alle vier Gleise führten durch die beiden großen Bögen auf eine große Drehscheibe auf dem Vorplatz.

**BM für Verkehr, Bau- und Wohnungswesen**, *Invalidenstr. 44*

Auf dem damals bereits aufgegebenen Gelände der Berliner Eisengießerei entstand 1875–89 nach Plänen von **August Tiede** ein dreiteiliges Ensemble mit dem *Museum für Naturkunde* in der Mitte und zwei naturwissenschaftlichen Instituten zu beiden Seiten: Die *Geologische Landesanstalt*, zu deren Bau Tiede ganz unterschiedliche Steinmaterialien heranzog, dient seit 1998, rückwärtig erweitert um einen geometrisch-schlichten Bürobau von **Max Dudler**, dem Bau- und Verkehrsministerium. Die *Landwirtschaftliche Hochschule* (Invalidenstraße 42) dient heute der Humboldt-Universität. Beide Bauten sind Vierflügelanlagen um einen glasüberdachten Innenhof.

Koch-Platz 7 entstand 1906 für die Kaiserin-Friedrich-Stiftung (Architekt: Ernst von Ihne). Das Haus Invalidenstraße 87–89 wurde 1911/12 als *Zahnärztliches Institut* erbaut. • Der Berlin-Spandauer Schifffahrtskanal wurde 1847–59 zur Entlastung der Spree ausgebaut und bildete bis 1989 die Grenze zwischen Ost- und West-Berlin. Die Eckbebauung Chausseestraße 14/Schlegelstraße fällt durch den Wechsel zwischen hellen Putzfeldern und geschosshohen, dunkel gerahmten Fenstern auf (2002–04 von Léon Wohlhage Wernik). Das Nachbarhaus Chausseestraße 13 erbauten Reimer & Körte 1899 für die Verwaltung der August-Borsig-Werke im Stil der Neorenaissance. Nördlich

**Museum für Naturkunde**, *Invalidenstraße 43*

Im Zentrum des dreiteiligen Bauensembles liegt das Museum für Naturkunde, dessen dreigeschossiger Bau weit nach hinten in den Straßenblock reicht. Es ist von der Straße zurückgesetzt und durch den erhöhten, reicher geschmückten Mittelbau herausgehoben, zeigt aber ansonsten ähnliche spätklassizistische Formen wie die flankierenden Institutsgebäude. Die Reliefbildnisse und Standbilder stellen bedeutende Naturkundler dar. Das Museum gehört zu den größten seiner Art in der Welt; im glasüberdachten Atrium in der Mittelachse sind u.a. der Urvogel Archaeopteryx und das größte in einem Museum aufgestellte Saurierskelett weltweit zu bewundern.

**Ehem. Industrie- und Handelskammer**, *Chausseestr. 111-113*

Die Kreuzung Chausseestraße/Invalidenstraße wird beherrscht vom 1954-57 errichteten Bürogebäude für die Industrie- und Handelskammer der DDR (Architekt: **Johannes Pässler**). Die Fassaden sind zeittypisch streng und sparsam gegliedert, finden jedoch über dem starken Kranzgesims mit dem Vertikalschmuck des Attikageschosses einen fast expressionistisch bewegten Abschluss. Auffällig sind die großen Wandflächen im Vergleich zu den schmalen Fenstern. An der Ecke schiebt sich ein mit rotem Tuffstein verkleideter Turmbau zwischen die Büroflügel. Das aufwändig geschmückte, historistische Geschäftshaus gegenüber (Chausseestraße 22) stammt von 1891.

**Dt. Bischofskonf.**, *Hannoversche Str. 5/Chausseestr. 128-129*

Nach Plänen des Berliner Büros **Höger Hare Architekten** entstand mit der *Katholischen Akademie* und dem Haus der Deutschen Bischofskonferenz ein kleines katholisches Forum, zu dem unter anderem auch eine Kirche und ein kleiner Kreuzgang gehören. Als »Kloster in der Stadt« hat es eher zurückgezogenen Charakter, ohne sich aber dem Umfeld zu verschließen. Auffällig ist die ungewöhnliche Platzierung der Fenster. Das Haus Hannoversche Straße 30, heute *Bundesbildungsministerium*, war 1974-90 Sitz der Ständigen Vertretung der Bundesrepublik in der DDR. Nach 1949 plante hier die Deutsche Bauakademie u.a. die Stalinallee und den Wiederaufbau Potsdams.

des Oranienburger Tors hatten sich seit den 1820er Jahren mehrere große Maschinenbaufabriken angesiedelt. Nachdem die Firma Borsig 1898 ihre Fabrikanlagen nach Tegel verlagerte, wurde das »Feuerland« zum Wohngebiet. Westlich der Chausseestraße liegt der 1762 angelegte Dorotheenstädtische Friedhof, im Hinterhaus an der Chausseestraße 125 lebte von 1953 bis zu seinem Tod 1956 Bertolt Brecht. Die Tour endet am Oranienburger Tor, das auf einem großen Wandbild an einer Brandmauer zu sehen ist. Der 1780 nach Entwürfen von Langhans errichtete Bau wurde um 1870 abgerissen und in Groß Behnitz, Kreis Havelland, wiederaufgebaut – dort steht er noch heute.

Tour 7

# Spreebogen und Tiergarten

**Dorotheenhöfe**, *Georgenstr. 21-22, Neustädtische Kirchstr. 6-8*

Das 1999-2002 bebaute Karree ist zweigeteilt: Die Blockhälfte zur Friedrichstraße hin wurde von verschiedenen Architekten nach einer Gesamtplanung von **Assmann, Salomon und Scheidt** bebaut. Verbindend ist allen Häusern des so genannten *Friedrich-Carrés* die zweigeschossige Sockelzone und die Traufhöhe von 30 Metern. Der mittlere Baukörper zur Friedrichstraße hin lässt im oberen Teil Raum für einen Wintergarten, der durch eine aufgefaltete Glasfassade geschlossen ist. Aus einer quadratischen Grundstruktur entwickelte **Oswald Matthias Ungers** die Grund- und Aufrisse der fünf Häuser auf der nordwestlichen Blockhälfte: die so genannten »Dorotheenhöfe«.

**Bundespresseamt**, *Dorotheenstr./Reichstagufer/Neust. Kirchstr.*

Der 1996-2000 nach Plänen von **KSP Engel und Zimmermann** errichtete Komplex bezieht zwei ältere Bauten mit ein: das einstige Reichspostscheckamt (1913-17), zu dem bereits eine ehemalige Markthalle (im Bild links) gehörte, und ein 1990 fertiggestellter Plattenbau an der Dorotheenstraße, der verputzt, orangerot gestrichen und durch ein Flugdach bekrönt wurde. Zentraler Bau des Ensembles ist das flache Pressezentrum, dessen Bauvolumen sich an einem Gaststättenpavillon aus den 70er Jahren orientiert. Verbunden sind die drei Trakte durch einen schmalen Büroflügel mit vorgehängter Lamellenfassade, dessen Räume über einen Korridor im Altbau erschlossen werden.

Der *Bahnhof Friedrichstraße* entwickelte sich nach seiner Eröffnung 1882 rasch zum Zentrum eines Geschäfts- und Vergnügungsviertels, das im Zweiten Weltkrieg fast völlig unterging. Einzig der *Admiralspalast* führte nach dem Krieg die Tradition fort. Einen Blick lohnt die Nordseite des Bahnhofs. Die 1919–25 errichtete nördliche Halle (von Carl Theodor Brodführer) steht auf einem backsteinernen Unterbau mit schönem Terrakottaschmuck. Über die Brücke unter den Eisenbahngleisen führt die Tour hinüber zum Schiffbauerdamm und weiter durch die Albrecht- und die Marienstraße. Hier sind noch zahlreiche Mietshäuser aus der ersten Hälfte des 19. Jahrhunderts er-

**Landesvertretung Sachsen-Anhalt**, *Luisenstraße 18*

Die Wohnhäuser Luisenstraße 18 und 19 entstanden zeitgleich 1827/28 und in ganz ähnlichen Formen. Das Palais Bülow, zu DDR-Zeiten Künstlerclub »Die Möwe«, heute Landesvertretung Sachsen-Anhalts, wurde jedoch 1874 umgebaut, wobei die Fassade mehr Dekor erhielt. Die Fassade des *Künstlerheims Luise* zeigt dagegen noch den originalen Charakter mit schlichten Gesimsen, Fensterrahmungen und einfachen Verdachungen über den Fenstern des ersten Stocks. Ursprünglich saß hier wie am Nachbarhaus ein offener Balkon über dem Eingang. Die Mittelachse beider Häuser ist subtil durch einen vergrößerten Abstand zu den benachbarten Fensterachsen betont.

**ARD-Hauptstadtstudio**, *Wilhelmstraße 67a/Reichstagufer 7-8*

Der 1996-99 nach Plänen von **Ortner & Ortner** entstandene Bau schließt den Baublock, der ursprünglich ganz von den 1873-83 erbauten spätklassizistischen Backsteinbauten für verschiedene Universitätsinstitute eingenommen wurde. Die Fassade des ARD-Studios besteht aus zwei Schichten: Die äußere Wand bilden veredelte Betonfertigteile, in schmalen Nischen neben den Fenstern wird die zweite Wandschale aus Merantiholz sichtbar. Die Fensterformate machen die unterschiedlichen Nutzungen der Stockwerke deutlich. Das große Westfenster belichtet das viergeschossige Eingangsfoyer. Hinter dem Eckfenster des vierten Stocks liegt das Fernsehstudio.

**Jakob-Kaiser-Haus**, *Dorotheen-/Wilhelm-/Ebertstraße*

Der Name Jakob-Kaiser-Haus ist irreführend: Auf zwei Straßenblöcken zu beiden Seiten der Dorotheenstraße entstand 1996-2001 ein vielgestaltiger Bürokomplex für Mitarbeiter und Abgeordnete des Bundestages, der unterirdisch mit dem *Reichstag* verbunden ist. Den alten Grundstücken folgend, entwarfen fünf Architekturbüros fünf Neubauten mit unterschiedlichen Fassaden. Einbezogen wurden drei Altbauten, darunter das ehemalige *Vereinshaus Deutscher Ingenieure* von 1911-14 (Ebertstraße 27), das von **Pie de Bruijn** einen gläsernen Dachaufbau erhielt, und das ehemalige *Reichstagspräsidentenpalais* (Ebertstraße 30-31, 1899-1904 von **Paul Wallot**).

halten; vor allem die Marienstraße beeindruckt durch ihre Geschlossenheit. Die aufwändige neobarocke Fassade in der Luisenstraße 32–34 entstand 1887–91 (von August Busse) für das *Kaiserliche Patentamt*. Später residierte hier der Generalstaatsanwalt der DDR. Heute wird das Gebäude ebenso vom Bundestag genutzt wie der frühere Erweiterungsbau des Reichsinnenministeriums in der Dorotheenstraße 93, der aus den Jahren 1933–37 stammt. • Das »Band des Bundes«, die für den städtebaulichen Wettbewerb 1992/93 entwickelte Idee der Berliner Architekten Axel Schultes und Charlotte Frank, wurde allgemein als Geniestreich gefeiert. Es legt sich wie eine Spange

**Marie-Elisabeth-Lüders-Haus**, *Schiffbauerdamm/Wilhelmstr.*

Das »Band des Bundes« endet im Osten auf der rechten Spreeseite mit dem Bürohaus, das nach der ehemaligen Alterspräsidentin des Bundestages, der FDP-Politikerin Lüders, benannt ist. Der Bau wird über ein durchlaufendes, gebäudehohes Atrium erschlossen und öffnet sich nach Osten, zur Stadtmitte hin, in einer großen Glasfront. Charakteristisch sind die weit auskragenden Dächer, die von sehr schlanken Rundstützen getragen werden. Im runden Bauteil zur Spree hin ist der Lesesaal der Parlamentsbibliothek untergebracht. Eine Fußgängerbrücke verbindet das Lüders- mit dem *Paul-Löbe-Haus*, das zeitgleich 1997-2002 nach Plänen des Münchner Architekten **Stephan Braunfels** entstand.

**Paul-Löbe-Haus**, *Konrad-Adenauer-Straße 1*

**Stephan Braunfels** war bei seinen Entwürfen an die von **Axel Schultes** entwickelten Gestaltungsvorgaben gebunden, und doch wirken seine beiden Bürobauten filigraner als Schultes' *Bundeskanzleramt*. Das Löbe-Haus bildet mit seinen weit auskragenden Vordächern, die auf schlanken Betonsäulen stehen, eine Verbindung zu seinen Nachbarbauten. Beiderseits eines Atriums, das den Bau in seiner gesamten Länge durchmisst, sind auch hier die Büros kammförmig angeordnet - allerdings in größerer Tiefe als beim Kanzleramt. Die Lichthöfe sind offen und mit einer durchlaufenden Dachstruktur in den Gesamtbau einbezogen. Die Sitzungssäle sind in runden Glastrakten untergebracht.

**Reichstag/Deutscher Bundestag**, *Platz der Republik*

Vom prunkvollen Innenleben des 1886-94 nach Plänen von **Paul Wallot** errichteten Neorenaissancebaus ist nichts übriggeblieben. Ursprünglich erhob sich über dem zentralen, holzvertäfelten Plenarsaal auf rechteckiger Grundfläche eine große Kuppel aus Eisen und Glas, die als technisches Meisterwerk galt. 1933 und 1945 weitgehend zerstört und 1961-72 nüchtern-sachlich wiederhergestellt, entstand 1995-99 nach Plänen von **Norman Foster** in den alten Außenmauern ein kompletter Neubau. Über dem Plenarsaal erhebt sich nun eine Glaskuppel auf rundem Grundriss, deren Rampen - mit bestem Blick auf die Stadt - für jedermann zugänglich sind.

über den Spreebogen und greift zu beiden Seiten über den Fluss hinaus – vom »Kanzlerpark« im Westen bis zum *Marie-Elisabeth-Lüders-Haus* im Osten. Das *Bundeskanzleramt* ist in das »Band des Bundes« eingegliedert, tritt also nicht in eine architektonische Konkurrenz zum Parlament. Den Sparauflagen zum Opfer fiel das im Bebauungsplan nicht näher definierte »Forum« zwischen Kanzleramt und *Paul-Löbe-Haus* – der einzige Bauteil, der für die Öffentlichkeit geplant war. So steht das Kanzleramt nun wie eine große Betonskulptur einsam in der Landschaft – was es nie sollte. Durch das »Band des Bundes« erhielt der Tiergarten wieder eine nördliche Rahmung, wo er früher

**Bundespressekonferenz**, *Reinhardtstr. 55/Schiffbauerdamm 40*

Am Rande des Parlamentsviertels am Spreeufer entstand 1998-2000 nach Plänen von **Johanne und Gernot Nalbach** das Haus der Bundespressekonferenz, einer unabhängigen Arbeitsgemeinschaft von Journalisten. Die streng gerasterten Glasfassaden der vier Straßenfronten wirken durch die Verkleidung der Gebäudeecken und der Traufkante wie in einen dunklen Rahmen gespannt. Darüber sind zwei Dachgeschosse zurückgestaffelt. Auf der Westseite durchbricht ein großes Fenster die Fassade – es gehört zum großen Konferenzsaal. Die Fensterachsen sind geschossweise gegeneinander verschoben, zwischen ihnen stehende Leuchtkörper illuminieren den Bau nachts effektvoll.

**Lehrter Bahnhof**, *Invalidenstraße*

Bis 2005 soll Berlin erstmals einen Kreuzungsbahnhof erhalten, wobei die neu angelegte Nordsüdstrecke unterirdisch verläuft. Der Vorgängerbau, 1871 eröffnet und nach schweren Kriegsschäden abgerissen, war ein Kopfbahnhof. Der denkmalgeschützte S-Bahnhof wurde erst für den Neubau abgerissen. Das Büro **gmp von Gerkan, Marg & Partner** entwarf eine elegante Stahl- und Glasanlage. Das Glasdach der Bahnsteighalle wurde gegen den entschiedenen Widerstand der Architekten an beiden Enden verkürzt, um Bauzeit zu sparen. Wann die zwölfgeschossigen »Bügel« mit Büroflächen, die rechtwinklig die Halle überspannen sollen, gebaut werden, ist noch unklar.

**Schweizerische Botschaft**, *Otto-von-Bismarck-Allee 4*

Der einzige erhaltene Altbau des Alsenviertels ist das ehemalige Palais Frerichs, das seit 1920 der Schweizerischen Botschaft dient. Das 1870 nach Plänen von **Friedrich Hitzig** errichtete großbürgerliche Palais erhielt sein heutiges Äußeres 1910/11 von **Paul Baumgarten d.Ä.** Er stockte den Bau um ein Geschoss auf, vereinfachte den Dekor und monumentalisierte den Bau durch die Kolossalsäulen vor den Obergeschossen. 1999-2001 entstand vor der Ostwand der minimalistische kastenartige Betonbau nach Plänen des Baseler Büros **Diener & Diener**. Vor die westliche Brandmauer des Altbaus setzte **Helmut Federle** ein geometrisches Betonrelief.

nur »ausfranste«. Das historische großbürgerliche Alsenviertel war teilweise schon in den 30er Jahren abgerissen worden – hier im Spreebogen sollte nach dem Willen Hitlers und Albert Speers die gigantomanische »Große Halle« entstehen, die den Reichstag degradiert hätte. • Die *Kronprinzenbrücke* (1992–97 von Santiago Calatrava) vor der *Bundespressekonferenz* ist die wohl eleganteste moderne Brücke in der Berliner Innenstadt. Der blau verkleidete Flachbau mit den runden und eckigen Dachaufbauten ist die *Kindertagesstätte des Bundestages* (Otto-von-Bismarck-Allee 2; 1998/99 von Gustav Peichl). Der Weg am nördlichen Spreeufer ist angenehmer, weil ruhiger, der Weg am

**Bundeskanzleramt**, *Willy-Brandt-Straße 1*

Der 1997–2001 von **Axel Schultes** mit **Charlotte Frank** errichtete Bau ist in H-Form angelegt. Zwischen zwei langgestreckten fünfgeschossigen Verwaltungstrakten erhebt sich das 36 Meter hohe »Leitungsgebäude«. Seine Außenmauern sind zum Ehrenhof und zum rückwärtigen Garten hin zu Betonstelen reduziert, zwischen denen sich große Glasflächen spannen. In die kahlen Wände der Nord- und der Südseite ist jeweils ein großer Bogen eingeschnitten. In den beiden Seitentrakten sind die Büros kammartig um verglaste Lichthöfe gruppiert. Die langen Seitenwände erscheinen mit ihrem Wechsel von fensterlosen Betonmauern und großen Glasflächen kompakt und massiv.

**Haus der Kulturen der Welt**, *John-Foster-Dulles-Allee 10*

Die ehemalige Kongresshalle, auch »schwangere Auster« genannt, entstand 1956/57 als Geschenk der USA an West-Berlin nach Plänen von **Hugh A. Stubbins** (Kontaktarchitekten: **Werner Düttmann, Franz Mocken**). Über einem fast quadratischen Sockelgeschoss erhebt sich die weit ausschwingende Dachkonstruktion. Die Dachfläche wird auf beiden Seiten von Stahlträgern gehalten, die nur auf zwei Punkten aufliegen. 1980 stürzte das Dach ein, weil der Stahlkern des vorderen Dachbogens durchgerostet war; es wurde bis 1987 wiederaufgebaut. Effektvoll ist dem Bau ein großes Wasserbecken vorgelagert, in dessen Mitte die Bronze »Big Butterfly« von **Henry Moore** aufgestellt ist.

**Wohnanlage »Bundesschlange«**, *Joachim-Karnatz-Allee 1–43*

Auf dem Moabiter Werder entstand 1996–99 (Architekt: **Georg Bumiller**) ein 320 Meter langer, serpentinenförmig angelegter Komplex mit Ein- und Zweizimmerwohnungen, die ursprünglich für Bundestagsabgeordnete und -bedienstete gedacht waren. Der backsteinverkleidete Baukörper ist von Westen nach Osten von acht auf fünf Geschosse abgetreppt und wird durch schmale, tiefe Einschnitte gegliedert. Alle Wohnungen sind mit großen Fensterbändern nach Süden hin orientiert. Die Nordseite wird durch den bunten Wechsel von stehenden und liegenden Fensterformaten belebt. Der Kopfbau nach Westen hin – mit Büros und Ladengeschäften – stammt von **Jörg Pampe**.

südlichen Ufer hat den Vorteil, dass man das *Haus der Kulturen der Welt*, wie die Kongresshalle seit 1989 heißt, auch von vorn betrachten kann. Nahe der Einfahrt wurde 1986/87 ein Glockenturm aus schwarzem Labradorgestein errichtet (Bangert, Jansen, Scholz und Schultes). Auf dem Gewerbe- und Bahngelände zwischen Spree und Stadtbahn entstand 1996–99 unter der Regie des Bundes ein Quartier mit 718 Wohnungen und Büros. Nördlich der *»Bundesschlange«* liegen vier schmucklose Backsteinwohnbauten von Müller, Rhode & Wandert (Alice-Berendt-Straße 1–5); südlich wurde der backsteinerne Verwaltungsbau der Reichsbahn von 1934 zur Schule umgebaut und

**Schloss Bellevue**, *Spreeweg 1*

Der heutige Sitz des Bundespräsidenten (seit 1993) entstand 1785 als Sommerresidenz Prinz August Ferdinands, des jüngsten Bruders von Friedrich d. Gr., nach Plänen von **Daniel Boumann**. Die Form der Dreiflügelanlage ist barock, die strenge Fassade jedoch eindeutig klassizistisch. Nach 1918 diente das Schloss als Museum für Völkerkunde, als Gästehaus der Regierung und seit 1959 als Berliner Residenz des Bundespräsidenten. Nach mehrfachem Umbau und schwerer Zerstörung im Zweiten Weltkrieg blieb im Innern nur der Ovale Saal, 1791 von **Carl Gotthard Langhans** eingebaut, erhalten. Die Eingänge lagen ursprünglich in den Eckrisaliten, wie noch heute zu erkennen.

**Bürohäuser am Spreebogen Moabit**, *Alt-Moabit 99–101*

1988–95 wurde das nicht mehr genutzte Industrieareal am nördlichen Spreeufer zu einem Dienstleistungszentrum umgestaltet. Ganz aus dem Quadrat entwickelt sind Grund- und Aufriss des *Focus-Teleports* im Westen (von **Joachim Ganz** und **Walter Rolfes**). Der Backsteinriegel der ehemaligen Bolle-Meierei wurde im Innern völlig umgestaltet, am Spreeufer wurde ihm ein moderner Hotelbau vorgesetzt (von **Wolf-Rüdiger Borchardt**). Von **Kühn, Bergander und Bley** stammt der U-förmig angelegte zwölfgeschossige Bürobau, zu dessen Mietern das Bundesinnenministerium gehört. Nach Osten abgeschlossen wird das Areal durch einen Wohn- und Gerichtskomplex.

**Punkthochhäuser**, *Bartningallee*

Die »Interbau« 1957 sollte alle gebräuchlichen Wohnbautypen präsentieren. Den nördlichen Abschluss des Hansaviertels zum Stadtbahnviadukt hin bilden die so genannten Punkthochhäuser. Die 16-geschossigen Bauten zeigen ganz unterschiedliche Fassaden: streng gerastert und mit einer symmetrischen Anordnung von Fenstern, Wandflächen und Loggien das Werk des Bauhaus-Schülers **Gustav Hassenpflug** (Bartningallee 9), in buntem Wechsel dieser drei Elemente die Rasterfassade der Franzosen **Eugène Beaudoin** und **Raymond Lopez** (Bartningallee 11–13), plastisch mit einem vorgelegten Betonrahmen und gelben Brüstungen das Haus Bartningallee 16 von **Hans Schwippert**.

erweitert. Das *Bundespräsidialamt* ist südlich des *Schlosses Bellevue* in einem viergeschossigen Bürogebäude in Ellipsenform mit dunkelgrün polierter Granitfassade untergebracht (1996–98 Martin Gruber, Helmut Kleine-Kraneburg). Die *Johanniskirche*, eine der vier Vorstadtkirchen von Schinkel (1832–35), erhielt durch August Stüler Vorhalle, Turm und Nebengebäude. Das Innere ist modern. Die Halle des *S-Bahnhofs Bellevue* ist noch original erhalten (1878–80). • Auf dem Gelände des bis zur Kriegszerstörung dichtbebauten Hansaviertels entstand 1953–57 ein Musterbeispiel für die (westliche) Architektur und Stadtplanung der 50er Jahre – als Demonstrationsbereich der Inter-

**Akademie der Künste**, *Hanseatenweg 10*

Während die großen Wohnanlagen des Hansaviertels im Sozialen Wohnungsbau errichtet wurden, mussten sich die Architekten der Einfamilienhäuser ihre Bauherren selbst suchen. Auf dem Gelände einiger nicht realisierter Reihenhäuser erbaute Senatsbaudirektor **Werner Düttmann** 1958–60 die Akademie der Künste. Sie besteht aus drei Teilen: dem aufgeständerten, mit Waschbetonplatten verkleideten flachen Ausstellungstrakt, dessen Obergeschoss sich um einen zentralen Innenhof legt, dem backsteinernen Vortragssaal (mit 600 Plätzen) unter dem steilen Zeltdach und dem schwarz verputzten fünfgeschossigen Atelier- und Verwaltungsbau.

**Niemeyerhaus**, *Altonaer Straße 4–14*

Der brasilianische Architekt **Oscar Niemeyer** wurde weltberühmt durch seine Bauten für die Hauptstadt seines Landes. Parallel zur Arbeit an Brasilia entwarf er diese auf V-förmige Stützen gesetzte siebengeschossige Hochhausscheibe. Die westliche Langseite ist gleichförmig in Loggien gerastert, nur der fünfte Stock (gedacht für einen Gemeinschaftsraum) ist durchgängig verglast. Die Ostseite ist dagegen mit Fensterbändern und durchlaufenden grünen Putzbrüstungen horizontal gegliedert. Der Aufzug, der in einem dreieckigen Turm vorgesetzt ist, erschließt kurioserweise nur zwei Etagen; im Innern ist der Wohnblock um sechs Treppenhäuser organisiert.

**Gropiushaus**, *Händelallee 3–9*

Die von **Walter Gropius** und **Wils Ebert** errichtete zehngeschossige Wohnhausscheibe ist mit leichtem Schwung nach Süden hin ausgerichtet. Die Fassade wird durch die paarweise versetzten Balkone mit ihren weißen und roten Brüstungen belebt. Auf vier Geschossen sind die Wohnungen um 90 Grad gedreht, sodass die Balkone hier auf den Schmalseiten liegen. Im zehnten Geschoss liegen Atelierwohnungen. Die schlichte Nordfront wird durch die vier Treppen- und Aufzugstürme gegliedert. Äußerlich zurückhaltend, aber im Innern sehr praktisch und bewohnerfreundlich angelegt ist das weiß verkleidete Wohnhochhaus von **Aalvar Aalto** (Klopstockstraße 30–32).

nationalen Bauausstellung »Interbau 1957«. Den Bebauungsplan dieser »Stadt von morgen« – mit aufgelockerten Strukturen und fließendem Übergang zum Tiergarten – entwarfen Willy Kreuer und Gerhard Jobst, die Gesamtleitung lag bei Otto Bartning. Eingeladen wurden 53 Architekten aus aller Welt, die sich dem Neuen Bauen verpflichtet fühlten. Das Eternitwohnhaus Altonaer Straße 1 stammt von Paul G.R. Baumgarten, die *Kaiser-Friedrich-Gedächtniskirche* (Händelallee 20–22) von Ludwig Lemmer, der *Berlin-Pavillon* (Straße des 17. Juni 100) von Hermann Fehling, Daniel Gogel und Peter Pfankuch. Auf dem ab 1868 bebauten Gelände der Königlichen Porzellanmanufaktur

**Umlaufkanal**, Müller-Breslau-Straße

Der Umlaufkanal des Instituts für Wasser- und Schifffahrtstechnik der TU entstand 1968–75 nach Plänen des Architekten **Ludwig Leo**. Er macht seine Funktionsweise im Außenbau deutlich: Eine Turbine im unteren Teil des Umlaufrohrs treibt das Wasser in das aufgeständerte Laborgebäude, wo die Messungen der Strömungsversuche durchgeführt werden. Auffällig sind die knalligen, mittlerweile verblassten Farben: Rosa leuchtet das Umlaufrohr, blau mit schwarz gefassten Fensterbändern das Laborgebäude, grün der Schornstein. Der TU-Umlaufkanal ist mit seiner Maschinenästhetik ein Vorläufer des 1977–81 entstandenen Centre Pompidou in Paris.

**Charlottenburger Tor**, *Straße des 17. Juni*

Als Gegenstück zum *Brandenburger Tor* und zum Schmuck für eine neue Brücke über den Landwehrkanal ließ die Stadt Charlottenburg 1907/08 das Charlottenburger Tor errichten. Der Entwurf für die kolonnadenartige Toranlage stammte von **Bernhard Schaede**, die Skulpturen auf der Ostseite schuf **Heinrich Baucke**: Es sind der Stadtgründer Friedrich I. mit Zepter und Hermelin sowie seine Gemahlin Sophie Charlotte mit einem Modell des Schlosses Charlottenburg. Beim Ausbau der heutigen Straße des 17. Juni zur breiten Ost-West-Achse 1936 wurden die beiden Teile beträchtlich auseinandergerückt. Der neuen Anlage musste das Zollhäuschen von **August Stüler** (1857) weichen.

**Mercedes-Welt am Salzufer**, *Salzufer 1*

Seit 1915 ist die Firma Benz, seit 1926 die fusionierte Daimler-Benz AG, auf dem Gelände am Salzufer zwischen Landwehrkanal und Spree ansässig. An Stelle der nach dem Krieg eher anspruchslos wiederaufgebauten Berliner Hauptniederlassung entstand 1998–2000 nach Plänen des Stuttgarter Büros **Lamm, Weber, Donath & Partner** das neue Dienstleistungs- und Verkaufscenter. Die sechsgeschossige Konstruktion aus Stahl und blinden Glasfronten folgt auf der Südseite dem Schwung des Kanals und endet an der spitz zulaufenden Gebäudeecke in einem weit vorkragenden Flachdach. Die schmalere Ostseite ist dreigeteilt mit einem erhöhten Mittelteil.

KPM entsteht seit 2000 ein neues Büro- und Wohnviertel. Das *Ernst-Reuter-Haus* (Straße des 17. Juni 110, 1938–42 von Walter Schlempp) ist seit 1956 u.a. Sitz des Deutschen Städtetags. Das Hauptgebäude der *Technischen Universität* (TU, Straße des 17. Juni 135) besteht aus einem Neorenaissance-Altbau (1878–84 von Richard Lucae, Friedrich Hitzig und Julius Raschdorff), dem nach schweren Kriegsschäden zwischen den Seitenflügeln eine horizontal gebänderte Hochhausscheibe vorgesetzt wurde (1961–65 von Kurt Dübbers und Karl-Heinz Schwennicke). Gegenüber liegt das *Mathematikgebäude* von 1973–76 (Straße des 17. Juni 122–128, von Georg Kohlmaier und Barna von Sartory).

Tour 8

# Potsdamer Platz und Tiergartenviertel

**Beisheim-Center/Hotel Ritz Carlton**, *Potsdamer Platz 3*

Das Lennédreieck, das Filetgrundstück zwischen Potsdamer Platz und Tiergarten, wurde 2001–03 bebaut. Der größte Teil des Areals wurde für den Bauherrn Otto Beisheim, den Gründer des Metrokonzerns, entwickelt. Dazu gehört auch das Luxushotel Ritz Carlton, dessen Gestalt aus Hochhäusern des amerikanischen Art déco abgeleitet ist (**Hilmer, Sattler & Albrecht**). Die oberen sieben Geschosse beherbergen Wohnungen. Das zweite Hochhaus am Platz entwarf **Hans Kollhoff** für die *Delbrück-Bank* - die Ähnlichkeit mit dem Backsteinhaus Potsdamer Platz 1 ist offensichtlich. Von **David Chipperfield** stammen die *Parkside Apartments*, Lennéstraße 13.

**Ulrich-von-Hassell-Haus**, *Lennéstraße 11*

Fünf freistehende, zehngeschossige Turmhäuser mit ähnlicher Baukörperform bilden den Abschluss des Lennédreiecks zum Tiergarten hin. Der Sitz des Bundesverbands Öffentlicher Banken und des Deutschen Landkreistages, das nach dem in Plötzensee hingerichteten Widerstandskämpfer, Bankier und Kommunalpolitiker von Hassell benannte Haus Lennéstraße 11, in seiner Fassadenstruktur zweigeteilt, und das einheitlich gestaltete Haus Nr. 9 entstanden 1998/99 nach Plänen des Büros **Effinger Partner**. **Florian Fischötter** baute 2001–03 die Häuser Nr. 3 und 5, deren Fassaden von Glas dominiert werden; von **Schweger + Partner** stammt Haus Nr. 7.

Der Potsdamer Platz entwickelte sich im 19. Jahrhundert als große Straßenkreuzung vor dem Potsdamer Tor, mit dem die barocke Stadt seit den 1730er Jahren endete. Mit dem Wachstum Berlins im 19. Jahrhundert entwickelte sich der Potsdamer Platz zum verkehrsreichen Nadelöhr zwischen Innenstadt und den neuen Stadtvierteln im Südwesten. Sein Symbol wurde die 1925 aufgestellte erste Ampelanlage Europas – der fünfeckige Ampelturm, der nur ein Jahr, bis zur verbindlichen Einführung der senkrechten Lichteranordnung, in Betrieb war und dessen Nachbau heute wieder am Potsdamer Platz steht. Im Zweiten Weltkrieg schwer in Mitleidenschaft gezogen, lag das

**Sony Center**, *Potsdamer/Bellevue-/Entlastungsstraße*

Nach Plänen **Helmut Jahns** entstand 1996–99 das stahl- und glasdominierte Ensemble aus sieben Einzelbauten, in denen sich Büros, Wohnungen, Kinos und Gastronomie befinden. Den Mittelpunkt bildet das ovale Forum, das durch eine fächerförmige Stahl- und Stoffkonstruktion überdacht ist. Zum Potsdamer Platz hin wird das Ensemble »abgerundet« durch den gläsernen, 103 Meter hohen »Bahntower«. An der Bellevuestraße überspannt ein moderner Wohntrakt die restaurierte neobarocke Fassade des einstigen Nobelhotels *Esplanade*, dessen zwei erhaltene Säle verschoben (Kaisersaal) bzw. auseinandergeschnitten und an anderer Stelle wieder zusammengesetzt wurden.

**Kollhoffhaus**, *Potsdamer Platz 1*

Wie ein Stadttor rahmen zwei Hochhäuser den Weg vom Potsdamer Platz in die Daimler-City. Mit dem 24-geschossigen, über dem zweigeschossigen Sockel backsteinverkleideten Hochhaus (gebaut 1997–2000) zitiert **Hans Kollhoff** amerikanische Hochhausarchitektur der 20er und 30er Jahre. Im unteren Bereich dominieren horizontale Gliederungselemente, der obere Bereich ist von den vertikalen Lisenen geprägt. In zwei Stufen ist das Haus zu den rückwärtigen Bauten des Daimlerviertels abgetreppt: Diese umfassen ein Kino und ein Wohnhaus von **Lauber & Wöhr** sowie hinter der Ludwig-Beck-Straße die *Mercedes-Benz-Vertriebzentrale* und das *Hyatt-Hotel* von **José Rafael Moneo**.

**Pianohaus**, *Potsdamer Platz 11*

Das Bürohaus von **Renzo Piano** und **Christoph Kohlbecker** rahmt mit dem *Kollhoffhaus* die Alte Potsdamer Straße ein, die hier wiedererstanden ist. Die Fassade ist wie die des *Daimler-Chrysler-Hochhauses* am Südrand des Daimlerviertels mit ockerfarbenen Terrakottaplatten verkleidet – zur Spitze am Potsdamer Platz hin ist ihr eine zweite Glasfassade vorgehängt. Die rückwärtigen Flügel nehmen die Traufhöhe der angrenzenden Gebäude auf. Das *Weinhaus Huth*, 1910/11 an der historischen Potsdamer Straße erbaut, überstand als einziger Bau (neben dem Hotel-Esplanade-»Fragment«) die Kriegs- und Nachkriegszeit am Potsdamer Platz.

Areal, dessen Kriegsruinen mit der Zeit abgeräumt wurden, seit der Teilung Berlins im Niemandsland zwischen Ost und West. Nur zwei Altbauten, das *Hotel Esplanade* und das *Weinhaus Huth*, blieben auf der Westseite erhalten. So bot sich nach dem Mauerfall 1989 die große Chance, ein neues Stadtzentrum zwischen Ost und West aufzubauen. Zielvorgabe des 1991 ausgelobten Ideenwettbewerbs war das traditionelle Muster der »europäischen Stadt« mit einer Mischung der Stadtfunktionen und einer Blockrandbebauung mittlerer Höhe. Den ersten Preis gewannen Heinz Hilmer und Christoph Sattler, die für den Potsdamer Platz eine Hochhauskrone vorschlugen. Das

**Rogershäuser**, *Linkstraße 2-6*

1971-77 bauten **Renzo Piano** und **Richard Rogers** das heftig umstrittene Centre Pompidou in Paris, bei dem erstmals in einem innerstädtischen Gebäude die Konstruktion und das Erschließungssystem an die Fassade gelegt wurde. Pianos Bauten sieht man seine Vergangenheit als »Hightech-Architekt« kaum mehr an, wohl aber denen seines ehemaligen Partners. Für den Ostrand des Daimler-Areals entwarf der Brite drei Büro- und Wohnhäuser, die mit ihren aufgeständerten Glaszylindern, zurückgestaffelten Glasfronten und großen Freitreppen unter den weit ausgreifenden Dachzonen völlig aus dem Rahmen der Berlin-typischen Blockrandbebauung fallen.

**Parkkolonnaden**, *Köthener Straße 1-6/Stresemannstraße*

Östlich des Tilla-Durieux-Parks, der die ehemaligen Gleisanlagen des Potsdamer Bahnhofs markiert, erstreckt sich der einheitlich wirkende, aber von vier Architekturbüros entworfene Büro- und Wohnkomplex der Parkkolonnaden (1996-2001). Nach dem Gesamtplan des Mailänders **Giorgio Grassi** erhielten alle Bauten (von Grassi, **Jürgen Sawade**, **Diener & Diener**) nur in Details unterschiedene Fassaden mit roter Backsteinverkleidung und schlicht gereihten Fenstern. Aus dem rigiden Schema bricht allein der höhere Kopfbau (von **Schweger + Partner**) aus, dessen gerundete Glasfassade an das kriegszerstörte »Haus Vaterland« erinnert.

**DaimlerChrysler-Hochhaus**, *Marlene-Dietrich-Platz 3-5*

Von **Renzo Piano** und **Christoph Kohlbecker** (1994-97) stammt das 163 Meter lange, in einem 85 Meter hohen Turmbau gipfelnde Bürohaus, das den Südrand des Daimlerviertels markiert - gemeinsam mit einem Bürobau von **Arata Isozaki** und **Steffen Lehmann**, dessen Fassaden durch den Wechsel von roten zu lilabraunen Keramikplatten und die trapezförmigen Fenster geprägt sind. In der Mitte des DaimlerChrysler-Hauses erstreckt sich ein glasgedecktes Atrium, dessen Randbebauung in drei Stufen ansteigt und so allmählich zum Hochhaus hinleitet. Dem Hochhaus ist auf der Süd- und der Westseite zur Energieeinsparung eine zweite Fassade vorgehängt.

noch vor dem Mauerfall 1989 von Daimler-Benz erworbene Areal südlich der Potsdamer Straße wurde 1993–98 nach einem Masterplan von Renzo Piano und Christoph Kohlbecker durch sechs verschiedenen Architekten(-teams) bebaut. Dies sicherte dem Viertel einerseits eine gewisse Homogenität, andererseits architektonische Vielfalt. Die Ver- und Entsorgung für das Stadtviertel erfolgt unterirdisch vom Landwehrkanal aus. • »Stadtteilzentrum« ist der Marlene-Dietrich-Platz, den der Doppelbau der *Spielbank* und des *Musicaltheaters* mit seinem großen Dach (Piano/Kohlbecker) beherrscht. An der Ostseite der *Philharmonie* entstand 1978–84 das *Musikinstrumen-*

**Philharmonie**, *Herbert-von-Karajan-Straße 1*

**Hans Scharouns** Hauptwerk, gebaut 1960–63, verdeutlicht seine Idee des »organischen Bauens« – jeder Bau sollte sich aus der inneren Nutzung her »organisch« nach außen entwickeln. Um dem »gemeinsamen Erleben der Musik eine entsprechende Form zu geben«, rückte Scharoun das Orchester in den Mittelpunkt des Raumes, der aus ineinander verdrehten Fünfecken konstruiert ist, und gruppierte die Zuschauerränge in Blöcken terrassenförmig darum herum – bis fast unter das zeltartig durchhängende Dach, dessen Form auch den Außenbau bestimmt. Unter dem Saal befindet sich das Foyer. Die Außenhaut ist mit gelb eloxierten Aluminiumplatten verkleidet.

**Kunstgewerbemuseum**, *Matthäikirchplatz/Tiergartenstr. 5–11*

Als Wettbewerbssieger erhielt **Rolf Gutbrod** 1968 den Auftrag, das Kulturforum zu vollenden. Aufgrund finanzieller Probleme konnte das Kunstgewerbemuseum aber erst 1978–85 gebaut werden, als der »Brutalismus« (vom französischen »art brut«) der 60er Jahre bereits völlig außer Mode war. Das fast fensterlose, im Innern großzügig um einen offenen Innenhof gruppierte Kunstgewerbemuseum wurde nachträglich mit Backsteinplatten statt des geplanten Sichtbetons verkleidet. Der Bau der weiteren Museumsgebäude rings um die schräge »Piazetta« wurde 1985 nach heftigen Diskussionen gestoppt. Inzwischen wird diskutiert, die ungeliebte Piazetta wieder abzureißen.

**Gemäldegalerie**, *Matthäikirchplatz 8*

Den Wettbewerb zum Weiterbau des Kulturforums gewannen **Hilmer & Sattler**. Sie überarbeiteten **Gutbrots** Entwürfe für die zentrale Eingangshalle und den vorgelagerten Kubus von *Kunstbibliothek* und *Kupferstichkabinett* und bauten 1992–98 eine »klassische« Gemäldegalerie: Um eine langgestreckte Säulenhalle gruppieren sich symmetrisch 18 Säle und als zweite Schicht 41 Kabinette. Die fast fensterlose Außenfront des langgestreckten Baukörpers, in den die *Villa Parey* von 1895 (Sigismundstraße 4a) mit einbezogen ist, ist in ein dunkles, gefaltetes Sockelgeschoss und ein mit hellen Sandsteinplatten verkleidetes Hauptgeschoss gegliedert.

*tenmuseum* von Edgar Wisniewski nach Skizzen von Scharoun (Tiergartenstraße 1); 1984–88 folgte der *Kammermusiksaal* (die »kleine Philharmonie«). Leitbild des Kulturforums war die von Hans Scharoun schon 1946 propagierte Idee einer frei modellierten »Stadtlandschaft«, die in Gebiete mit eindeutigen Funktionen unterteilt sein sollte. Scharouns Pläne für ein Kulturviertel gingen über den historischen Straßengrundriss völlig hinweg – die Bauten des »Geheimratsviertels« waren teils von den Nationalsozialisten (für den »Runden Platz«), teils von den Bomben des Zweiten Weltkriegs zerstört worden. Die Idee eines einheitlichen Bauensembles wurde schon mit dem Bau-

**Matthäuskirche**, *Matthäikirchplatz*

Als Pfarrkirche für das gerade im Entstehen begriffene noble Wohnviertel erbaute **August Stüler** 1844-46 einen einfachen und doch repräsentativen Ziegelbau im Rundbogenstil. Die einzelnen Bauglieder sind deutlich separiert: Jedes der drei Hallenschiffe trägt ein eigenes Satteldach und wird durch eine halbrunde Apsis geschlossen. Über dem ersten Joch im Mittelschiff steht der etwas schmalere, quadratische Turm. Die innere Jocheinteilung wird durch Lisenen verdeutlicht. Belebt werden die gelben Backsteinwände durch Streifen aus roten Ziegeln. Das Innere wurde beim Wiederaufbau nach dem Zweiten Weltkrieg modern gestaltet.

**Neue Nationalgalerie**, *Potsdamer Straße 50*

Knapp drei Jahrzehnte nach seiner Emigration in die USA errichtete **Ludwig Mies van der Rohe** 1965-68 die Neue Nationalgalerie. Die eigentlichen Ausstellungsräume befinden sich im granitverkleideten Sockel, auf dem sich die rundum verglaste, 8,50 Meter hohe Ausstellungshalle erhebt. Das weit vorkragende Stahldach wird allein von den acht Stützen außerhalb der Halle getragen - die beiden Installationsschächte im Innern sind nicht tragend. Das Dach ist die größte jemals gefertigte starre Stahlplatte der Welt. Die Kassettendecke, die Felder der Dachkanten, die Kugelgelenke der Kreuzstützen erinnern an das Vokabular klassischer Tempel.

**Staatsbibliothek zu Berlin, Haus 2**, *Potsdamer Straße 33*

Die West-Berliner Staatsbibliothek (als Gegenstück zu dem im damaligen Ost-Berlin befindlichen Haus, heute *Staatsbibliothek zu Berlin, Haus 1*) entstand 1967-78 nach Plänen von **Hans Scharoun** und nach dessen Tod 1972 unter Leitung von **Edgar Wisniewski**. Der hohe, mit gelben Aluminiumplatten verkleidete fensterlose Baukörper des Magazins erhebt sich über vorgelagerten flachen Bauteilen, in denen die Lese- und Vortragssäle, Foyers, Verwaltungsräume und das Ibero-Amerikanische Institut untergebracht sind. Der Lesesaal ist unter einem einheitlichen, durch Glaspyramiden und Oberlichter aufgelockerten Flachdach in verschiedene Bereiche auf verschiedenen Ebenen aufgeteilt.

auftrag für die *Neue Nationalgalerie* an Ludwig Mies van der Rohe aufgegeben. Bis heute wird über die Weiterentwicklung des Areals – nach Scharouns Plänen oder in verdichteter Form – diskutiert. Südlich des Landwehrkanals fassen zwei Eckbauten die Potsdamer Straße ein: östlich (Am Karlsbad 1–2) der streng gerasterte, zur Ecke hin weiß verkleidete Wohnhauskomplex von Jürgen Sawade (1986/87), westlich das horizontal gebänderte, 2003/04 aufgestockte Geschäftshaus Potsdamer Straße 58 von 1929 (Architekt: Albert Biebendt). Mit dem *Shellhaus* korrespondiert südlich des Landwehrkanals das breit gelagerte, horizontal gebänderte *Jugendgästehaus* (Kluck-

**Wissenschaftszentrum Berlin**, *Reichpietschufer 48–58*

Hinter dem historistischen Altbau (dem ehemaligen Reichsversicherungsamt von **Alfred Busse**, 1891–94) gruppierten **James Stirling** und **Michael Wilford** um einen zentralen Innenhof die Neubauten der drei Institute des Wissenschaftszentrums. Dabei collagierten sie die verschiedensten historischen Bautypen: ein Amphitheater, eine griechische Stoa (Säulenhalle), eine Basilika, einen achteckigen »Turm der Winde« (für die Bibliothek). Zusammengehalten wird das postmoderne Ensemble durch die Fassadengestaltung: Geschosshohe blaue und rosafarbene Putzbänder umziehen die Neubauten, die Fenster sind dreiseitig von starken Gewänden gerahmt.

**Shellhaus**, *Reichpietschufer 60–62/Stauffenbergstraße*

Der berühmte Bau der klassischen Moderne entstand 1930–32 nach Plänen von **Emil Fahrenkamp** als Hauptsitz der Shell-Tochter Rhenania-Ossag und wird heute – frisch saniert – von der GASAG genutzt. Die travertinverkleidete Hauptfront ist in sechs Stufen nach vorn und in die Höhe gestaffelt – bis zur zehngeschossigen Hochhausscheibe. Die Gebäudeecken sind abgerundet, sogar die Fenster sind viertelkreisförmig um die Ecken herumgezogen. Im Innern werden die Fassadensprünge durch den Grundriss der vorderen Büroräume aufgefangen, der innen liegende Gang und die rückwärtigen Büros zum Innenhof hin sind traditionell rechtwinklig geschnitten.

**Österreichische Botschaft**, *Tiergartenstraße 12–14*

**Hans Holleins** Bau, 1999–2000 unweit der kriegszerstörten alten Botschaft errichtet, gliedert sich – vereinfacht gesagt – in drei Teile: Man betritt den Komplex durch den grün verkleideten, mit einem Kupferdach gedeckten Baukörper an der Grundstücksspitze, dessen Repräsentationsräume um ein Atrium gruppiert sind. Der Trakt erhält durch Panoramafenster eine dynamische Note. Längs der Stauffenbergstraße erstreckt sich der mit dunklem Naturstein verkleidete Bürotrakt, zur Blockmitte schließt sich an den Kopfbau die Residenz des Botschafters an, ein hellrot verputzter Bau, dessen Form an der ehemaligen Villenbebauung orientiert ist.

straße 3, 1961–67 von Hans Christian Müller und Georg Heinrichs). Hinter dem Shellhaus entsteht (2003–05) nach Plänen von Jan Kleihues das *Shellhaus-Quartier* mit einem Luxus-Hotel. Das *Bundesministerium für Verteidigung* residiert im ehemaligen *Reichsmarineamt* (Reichpietschufer 74–76), das von Reinhardt & Süssenguth 1911–14 in schlichten neoklassizistischen Formen errichtet wurde. 1938 wurde der Komplex um den *Bendlerblock* erweitert, in dem sich heute die »Gedenkstätte Deutscher Widerstand« befindet. Die *Ägyptische Botschaft* ist ein kubischer Baublock mit einer Außenhaut aus poliertem rotem Granit, in den ägyptische Motive eingefräst sind (Stauffen-

**Landesvertretung Baden-Württemberg**, *Tiergartenstraße 15*

Sie saugt die Besucher förmlich an, die Vorderfront der Baden-Württembergischen Landesvertretung in Berlin. Der nach Plänen des Berliner Architekten **Dietrich Bangert** 1998–2000 errichtete viergeschossige Putzbau ist die größte Repräsentanz eines Bundeslandes in Berlin; er nutzt das rechteckige Grundstück fast völlig aus. In der zentralen Achse sind das Foyer, ein Vortragssaal und ein überdachter Innenhof mit einer großzügigen Treppenanlage platziert; die Büros sind an den Längsseiten angeordnet und schauen auf schmale Gartenstreifen. Nach hinten öffnet sich der Bau, ähnlich der Vorderseite, mit schräg gestellten Wänden zum Garten.

**Indische Botschaft**, *Tiergartenstraße 16–17*

Das Gebäude der Berliner Architekten **Léon Wohlhage Wernik** (1999–2001) ist in der Grundfläche aus zweieinhalb Quadraten konstruiert. Im Bauteil zur Straße hin befinden sich die Repräsentations- und Büroräume. Es folgt ein Garten, in den, an der Rückseite des Kopfbaus, ein zylindrischer Büroturm eingestellt ist – sein Volumen ist vorn aus dem Kopfbau ausgeschnitten. Hinter dem Garten wiederum liegt – auf einem halben Quadrat – der Wohntrakt. Eine große, gerade Freitreppe führt von dessen Erdgeschoss seitlich des Gartens auf die Dachterrasse des Kopfbaus. Die Fassaden sind mit grob behauenen Platten aus indischem rotem Sandstein verkleidet.

**Südafrikanische Botschaft**, *Tiergartenstraße 17a–18*

Die Botschaft der Republik Südafrika entstand 2002/03 nach Plänen des Architekturbüros **Mphethi Morojele Architects** aus Johannesburg. Der kubische Baukörper rahmt mit einem aufgeständerten Flügel zur Tiergartenstraße hin einen kleinen Vorplatz. Bis auf eine Glasfront zum Vorplatz ist der gesamte Bau im Erdgeschoss mit Granitplatten – in Streifen poliert und matt –, in den Obergeschossen mit hellem südafrikanischem Sandstein verkleidet. Die Fassaden werden geprägt durch horizontale Aluminiumbänder, die in unregelmäßiger Folge in sie eingelassen sind. Im Zentrum des Baus befindet sich ein großes verglastes Atrium.

bergstraße 6–7, 1999–2001 von Samir Rabie). • Das Gebiet zwischen Tiergarten und Landwehrkanal entwickelte sich im 19. Jahrhundert zu einem vornehmen Villenviertel, in dem sich vor allem nach dem Ersten Weltkrieg zahlreiche Botschaften ansiedelten. Wegen des von Hitler und Speer geplanten Baus der Nord-Süd-Achse mussten einige Botschaften ihren alten Standort aufgeben. Sie wurden nun im neuen »Diplomatenviertel« angesiedelt, in dem zwischen 1938 und 1943 unter Albert Speers Gesamtleitung neun Botschaften neu errichtet wurden. Nach den schweren Zerstörungen im Zweiten Weltkrieg fiel das Gebiet für mehrere Jahrzehnte in einen Dornröschen-

**Italienische Botschaft**, *Tiergartenstr. 21a-23/Hiroshimastr.*

Als größter Bau des neuen Diplomatenviertels entstand 1939-42 (von **Friedrich Hetzel**) die Botschaft des verbündeten faschistischen Italien. Die monumentale neoklassizistische Dreiflügelanlage erinnert mit dem säulengeschmückten Mittelrisaliten und dem hellroten Putz der beiden Obergeschosse an italienische Renaissancepaläste. Das Sockelgeschoss ist mit Travertin verkleidet, hinter dem Hauptgesims verbirgt sich ein viertes Geschoss. Auch das Innere wurde unter Einbeziehung von Kaminen, Brunnen und Treppen aus der Renaissance pompös gestaltet. Bis 2003 wurde das kriegsbeschädigte Gebäude weitgehend original wiederhergestellt.

**Japanische Botschaft**, *Tiergartenstr. 24-27/Hiroshimastr.*

Nach Plänen von **Ludwig Moshamer** entstand 1938-42 eine zweiteilige Anlage in monumentalen neoklassizistischen Formen. 1986/87 wurde der verfallene Bau abgetragen und als Japanisch-Deutsches Zentrum originalgetreu wiederaufgebaut. Zur Tiergartenstraße orientiert ist der Hauptbau mit den Repräsentationsräumen und der Botschafterresidenz, der über der eingeschnittenen Pfeilerhalle von einer Sonne als kaiserlichem Symbol bekrönt wird. In rechtem Winkel dazu steht der Kanzleitrakt. Er wurde bei der Umgestaltung zur Botschaft 1998-2001 zur Hiroshimastraße hin erweitert und um einen ellipsenförmigen Anbau ergänzt.

**Landesvertretung Nordrhein-Westfalen**, *Hiroshimastr. 16-22*

Wie viele neue Bauten erhielt auch die 2000-2002 errichtete Landesvertretung von Nordrhein-Westfalen in Berlin eine vorgehängte zweite Glasfront, die als Isolation und zur natürlichen Belüftung dient. Als Prototypen eingesetzte neuartige Brennstoffzellen wandeln darüber hinaus die Sonnenenergie in Strom und Kühlung um. Ungewöhnlich an dem rechteckigen, viergeschossigen Bau des Düsseldorfer Büros **Petzinka Pink & Partner** ist aber die Tragekonstruktion durch ineinander verschränkte, parabelförmig gebogene Holzstreben, durch die das Haus, in dem nur im Keller Beton verwendet wurde, ein um 50 Prozent geringeres Gewicht als andere Häuser vergleichbarer Größe aufweist.

schlaf, aus dem es erst der Regierungsumzug in den 90er Jahren erweckte. Das Wohnhaus Hildebrandstraße 5 (von 1883/1895) diente seit 1920 der Republik Estland als Botschaft. Nach dem Zweiten Weltkrieg wurde das vergleichsweise leicht beschädigte Haus in Wohnungen unterteilt, seit 2001 sitzt hier wieder die *Estnische Botschaft*. Das Nachbarhaus Hiroshimastraße 13–15, die ehemalige Botschaft Griechenlands (von 1911), steht noch heute als Ruine. Das Konferenzzentrum der *Friedrich-Ebert-Stiftung* entstand 1997–99 nach Plänen von Fritz Novotny, Arthur Mähner und Volkhard Weber (Hiroshimastraße 17). Den *Hiroshimasteg* errichteten Benedict Tonon und Klaus Theo

**Botschaft der Vereinigten Arab. Emirate**, *Hiroshimastr. 16–20*

Der Botschaftsbau der Vereinigten Arabischen Emirate (2003/04 nach Plänen von **Tom Krause** und **Astrid Bohne**) sollte zwar arabische und Berliner Bautradition zusammenführen, doch wird der Eindruck ganz von orientalischen Architekturformen geprägt: Es ist ein flach gedeckter, viergeschossiger Bau auf rechteckigem Grundriss mit stark betonten Eckrisaliten, einer flachen Kuppel über dem Mittelrisaliten und orientalischer Ornamentik auf den wenigen Wandfeldern. Er ist mit für Berlin typischem Sandstein verkleidet. Vom Hauptportal führt der Weg durch die Lobby und die »Oase«, einen gebäudehohen runden Saal mit Palmen, bis in einen prächtigen Ballsaal.

**Landesvertretung Bremen**, *Hiroshimastraße 24*

Die von **Hilde Léon**, **Konrad Wohlhage** und **Siegfried Wernik** entworfene Landesvertretung der Freien Hansestadt Bremen (erbaut 1997–99) besteht aus zwei nicht miteinander verbundenen Teilen: Das schmale achtgeschossige Gästehaus, das derzeit noch wie ein Turm frei steht, soll künftig an die Blockrandbebauung am Kanal anschließen. Der viergeschossige Kubus des Hauptgebäudes ist dagegen an den historischen Villenbauten des Viertels orientiert. Beide Bauten sind leuchtendrot verputzt – eine Reminiszenz an den für Bremen typischen Backstein. Die Fenster sind in recht freier Anordnung schlicht in die Wände eingeschnitten.

**Villa von der Heydt**, *Von-der-Heydt-Straße 18*

Die 1860/61 nach Plänen von **Hermann Ende** und **G.A. Linke** erbaute Villa für den preußischen Handelsminister van der Heydt ist das letzte erhaltene Beispiel einer vornehmen spätklassizistischen Stadtvilla im Tiergartenviertel. Der zweigeschossige Putzbau auf hohem Sockelgeschoss zeigt streng symmetrische Fassaden. Das Dach ist hinter einer mit Vasen besetzten Attika über einem reichprofilierten Kranzgesims verborgen. Heute residiert hier die Stiftung Preußischer Kulturbesitz. Zu dieser größten deutschen Kulturstiftung gehören u.a. die staatlichen Museen, die Staatsbibliothek, das Staatsarchiv und einige Forschungsinstitute in Berlin.

Brenner 1986/87 an Stelle der im Zweiten Weltkrieg zerstörten Lützowbrücke. Am südlichen Ufer des Landwehrkanals erhebt sich das *Grand Hotel Esplanade* (von Jürgen Sawade 1986–88). • Die alte Bebauung um den Lützowplatz wurde im Zweiten Weltkrieg und in der »Wiederaufbauphase« der 50er und 60er Jahre weitgehend zerstört. Heute wird der Platz nach Süden gerahmt vom Erweiterungsbau des *Hotels Berlin* (1986/87 von Michael König, Klaus Theo Brenner und Benedict Tonon; Kurfürstenstraße 62–69). Zur IBA 1987 entstanden an der Ostseite drei Wohnbauten von Mario Botti (Lützowplatz 1), Peter Cook (Lützowplatz 3) und Axel Schultes (Lützow-

**Bauhausarchiv**, *Klingelhöferstraße 14*

Der 1976–79 entstandene Museumsbau, in dem das Erbe der 1932/33 in Berlin ansässigen Kunstschule betreut wird, basiert auf einem Entwurf des Bauhaus-Gründers **Walter Gropius** für Darmstadt, den sein Mitarbeiter **Alexander Cvijanovic** nach Gropius' Tod (1969) an den neuen Bauplatz anpasste. Der Komplex besteht aus zwei zweigeschossigen Baukörpern, die leicht versetzt parallel angeordnet sind und von einer langen Rampe getrennt werden. Beleuchtet werden die Ausstellungs- und Bibliotheksräume durch hohe Sheddächer. Anders als von Gropius geplant, sind die Fassaden durch dunkle Fugen zwischen den weiß gestrichenen Betonplatten in Einzelflächen zerlegt.

**Konrad-Adenauer-Haus**, *Klingelhöferstraße 8*

An städtebaulich exponierter Stelle, an der spitzen Ecke zwischen Klingelhöferstraße und Landwehrkanal, erhebt sich das Konrad-Adenauer-Haus, die Bundesgeschäftsstelle der CDU (1998–2000 von **Petzinka, Pink & Partner**). Der Kernbau ist ein siebengeschossiger Baukörper auf ellipsenförmigem Grundriss, der mit seinem Wechsel aus Fenster- und hölzernen Brüstungsbändern und seiner runden, etwas zurückgestaffelten Spitze Assoziationen an einen Ozeandampfer weckt. Er wird bis über dem fünften Geschoss eingefasst von einem Wintergarten, dessen fragile Glaswände auf einem natursteinverkleideten Sockelgeschoss aufsitzen und die Grundstücksgrenze markieren.

**Mexikanische Botschaft**, *Klingelhöferstraße 3*

Eine der ungewöhnlichsten Fassaden des »Neuen Berlin« trägt die Mexikanische Botschaft, die **Teodoro Gonzales de Leon** und **Francisca Serrano** als Sieger eines nationalen Wettbewerbs 1999–2001 bauten. An einen Betonrahmen ist ein »Vorhang« aus Betonlamellen gehängt und schräg zur Seite gerafft. Gegenüber ist eine zweite Lamellenreihe schräg nach hinten gestellt. Zwischen ihnen öffnet sich der Eingang in die zentrale Rotunde, deren Form nach außen durch den zylindrischen Dachaufbau deutlich wird – ein Motiv, das an Le Corbusier erinnert. Seine strahlendweiße Farbe erhielt der Sichtbeton durch die Beimischung von gemahlenem Marmor.

platz 5), an der Westseite eine sechsgeschossige, über einem Backsteinsockel hell verputzte Wohnanlage von Oswald Matthias Ungers (Lützowplatz 2–16, 1979–83). Das Klingelhöferdreieck (Klingelhöfer-/Rauch-/Stüler-/Corneliusstraße) wurde als Randbebauung mit einheitlicher Traufhöhe um einen zentralen Hofgarten herum angelegt – in einer Mischung aus Wohnhäusern und Bürobauten für die »Politik«. Der Gesamtplan stammt von Marchleidt & Stepp, die Einzelgebäude entwarfen unterschiedliche Architekten (u.a. Moore Ruble Yudell; Gesine Weinmiller; Hilmer, Sattler & Albrecht; Pysall, Stahrenberg & Partner, 1998–2001). An der Rauchstraße 21 und der Cornelius-

**Konrad-Adenauer-Stiftung**, *Tiergartenstraße 35*

Das Berliner Tagungs- und Veranstaltungszentrum der in St. Augustin bei Bonn beheimateten CDU-nahen Adenauer-Stiftung entstand 1996–98 nach Plänen des Kölners **Thomas van den Valentyn**. Die beiden unteren Geschosse sind hinter einer Sandsteinfassade verborgen, die nur von wenigen, unregelmäßig gesetzten Fenstern geöffnet wird. Die Büroräume im obersten Geschoss werden durch ein umlaufendes Fensterband belichtet, das wie ein Fries den flachgedeckten Baukörper abschließt. Über eine lange Rampe erreicht man die große Dachterrasse. Nicht ganz im Zentrum des Hauses liegt der über zwei Geschosse reichende kreisrunde Vortragssaal.

**Nordische Botschaften**, *Rauchstraße 1*

Der Gemeinschaftskomplex der fünf nordischen Länder wird nach einem Entwurf des österreichisch-finnischen Architektenduos **Alfred Berger** und **Tiina Parkkinen** von einem geschwungenen, gebäudehohen Kupferband mit horizontalen Lamellen eingefasst. Um einen zur ruhigen Rauchstraße hin offenen Hof gruppieren sich das Gemeinschaftshaus mit den Konsularabteilungen und die fünf Botschaftsgebäude, die von Architekten(-teams) aus den jeweiligen Ländern 1997–99 gebaut wurden. Dies sind, gegen den Uhrzeigersinn, Finnland (**Viiva Arkkitehtuuri**), Schweden (**Wingardh Arkitektkontor**), Norwegen (**Snöhetta**), Island (**Palmar Kristmundsson**) und Dänemark (**3XNielsen**).

**IBA-Stadtvillen**, *Rauchstraße 4-10, Thomas-Dehler-Straße 1-7*

Unter Einbeziehung der ehemaligen Norwegischen Botschaft wurden nach einem Gesamtplan von **Rob Krier** 1983/84 neun Einzelbauten symmetrisch um eine begrünte Achse errichtet. Verschiedene Architekten entwarfen die acht östlichen Bauten, die als fünfgeschossige Kuben jeweils vier Wohnungen pro Etage beherbergen. Ein gerundeter Portalbau von Krier verbindet die beiden Eingangsbauten und schirmt die Anlage von der Stülerstraße ab. Das auffälligste Haus entwarf der Österreicher **Hans Hollein** (Rauchstraße 5), der seinen Würfel auf zwei Seiten aufbrach und ihm durch unterschiedliche Fensterformate und Farben eine spielerische Note verlieh.

straße 11–12 entstanden 1988–90 unter der Leitung von Frei Otto und Hermann Kendel drei Ökohäuser: Nach den Ideen der künftigen Mieter wurden die Maisonettewohnungen innerhalb eines Stahlbetonrahmens individuell entworfen. • Die *Spanische Botschaft* residiert in einem zweiflügeligen neoklassizistischen Bau, der 1938 von Walter und Johannes Krüger für das mit NS-Deutschland befreundete Spanien erbaut und bis 1999 äußerlich wiederhergestellt wurde (Lichtensteinallee 1). Die ehemalige *Dänische Botschaft* entstand 1938–40 nach Plänen von Johann Emil Schaudt in der Thomas-Dehler-Straße 48 (heute Führungsakademie der Deutschen Telekom), die ehe-

**Hotel Intercontinental**, *Budapester Straße 2*

Das 1957/58 von **Pereira & Luckmann**, **Paul Schwebes** und **Hans Schoszberger** errichtete Hotel, bis 1979 Berlin Hilton, bildet den östlichen Abschluss der City-West. Die 13-geschossige Hochhausscheibe zeigt eine markante Schachbrettfassade, aus der nur die obere Etage herausfällt: Hier befand sich ein Café mit Dachgarten. In einem vorgelagerten Flachbau sind die Bankett- und Gesellschaftsräume untergebracht, eine Kolonnade längs der Budapester Straße bindet den Hotelkomplex an die City an. 1981 kam ein neuer Eingangsbau mit Glaspyramide hinzu, 2002/03 ein vertikal gegliederter Südflügel (von **Bassenge**, **Heinrich**, **Puhan-Schulz**).

**Grundkreditbank**, *Budapester Straße 35*

Die Zentrale der Grundkreditbank, heute Teil der Berliner Volksbank, ist einer der prägenden Bauten der 80er Jahre in der West-Berliner City. Das Büro **Pysall, Stahrenberg & Partner** besetzte die städtebaulich herausgehobene Ecke 1983–85 mit einem wuchtigen, von vorn wie ein Rundbau anmutenden neungeschossigen Baukörper. Durch die fragmentarische Auflösung der im unteren Bereich traditionellen Fassadenstruktur aus rotem Werkstein und Glas erhält der Bau aber auch ein spielerisches Moment. Im Mittelpunkt der weiten Rundung liegen im Erdgeschoss das kreisförmige »Kunstforum«, im ersten Stock darüber ein Café, das den Blick in den Garten freigibt.

**Elefantentor**, *Olof-Palme-Platz*

Der 1844 eröffnete Zoo ist der älteste Tierpark Deutschlands. **Peter Joseph Lenné** legte das Gelände als Landschaftspark an, und mit der Zeit entstanden zahlreiche Bauten »im Stil der Heimatländer der Tiere«. Viele der zum Teil prächtigen Gebäude wurden im Krieg zerstört, einige wenige blieben erhalten oder wurden wiederaufgebaut – wie das Elefantentor von 1898/99, das mit Saurierreliefs geschmückte *Aquarium* von 1913 oder das *Löwentor* am Hardenbergplatz von 1908/09, alle nach Entwürfen des Architekturbüros **Zaar & Vahl**. Von **Fritz Höger** stammt das Dienstwohnhaus am Katharina-Heinroth-Ufer 36 (1928/29), ein auffällig ornamentierter Klinkerbau.

malige *Jugoslawische Botschaft* (heute Deutsche Gesellschaft für Auswärtige Politik) zur selben Zeit nach Plänen Werner Marchs in der Rauchstraße 17–18, die ehemalige *Norwegische Botschaft* 1940/41 von Otto von Estorff und Gerhard Winkler in der Rauchstraße 11. Das *Deutsche Institut für Normung* erhielt 1997–99 einen Erweiterungsbau von Johannes Heinrich, das *Alexander-von-Humboldt-Haus* (Budapester Straße 31). Das *Lenzhaus* (Kurfürstenstraße 87, 1928/29 von Heinrich Straumer) ist ein achtgeschossiger Stahlskelettbau mit muschelkalkverkleideter Rasterfassade, deren Vertikalbetonung in den drei oberen Geschossen durch Zwischenstäbe noch verstärkt wird.

Tour 9

# City-West

**U-Bahnhof Wittenbergplatz**

**Alfred Grenander**, 1899–1931 Hausarchitekt der U-Bahn, entwarf für den 1911–13 erbauten Umsteigebahnhof in der Mitte des Platzes eine kreuzförmige Eingangs- und Schalterhalle in neoklassizistischen Formen mit quadratischem Turmaufsatz. Sie dient außerdem dem Übergang zwischen den drei Bahnsteigen mit fünf Gleisen – ein sechstes wurde nicht gebaut. Der Stahlfachwerkbau, der mit Muschelkalkplatten verkleidet ist, wurde 1983 saniert. Berlins erste U-Bahnlinie, 1902 eröffnet, verläuft auf dem damaligen Berliner Stadtgebiet bis zum Nollendorfplatz als Hochbahn; die Charlottenburger Stadtväter bestanden dagegen auf einer »Unterpflasterbahn«.

**Kaufhaus des Westens (KaDeWe)**, *Tauentzienstraße 21–24*

Das KaDeWe ist heute das größte Warenhaus Europas – dank mehrfacher Um- und Erweiterungsbauten, die den Charakter des Gebäudes beträchtlich verändert haben. Der 1906/07 von **Emil Schaudt** errichtete Bau ist das einzige der großen Berliner Vorkriegswarenhäuser, das sich in Form und Funktion erhalten hat. Es unterschied sich gravierend von der damals modernen Kaufhausarchitektur, die zur Straße hin eine Pfeilerfassade und im Innern einen großen Lichthof aufwies. Schaudt entwarf dagegen eine geschlossene Mauerwerksfassade mit zweigeschossiger Sockelzone. Die oberen beiden Stockwerke über dem Kranzgesims wurden 1930 aufgesetzt.

Die Tour beginnt am Wittenbergplatz, dem östlichen Ende der City-West. Der Straßenzug Tauentzien/Kurfürstendamm ist noch immer die wichtigste Einkaufsmeile der Stadt. Der »Kudamm«, der Weg zum Jagdschloss Grunewald, wurde erst 1883–86 auf 3,5 Kilometer Länge zu einer 53 Meter breiten, gepflasterten Straße ausgebaut. Am Damm und in den Nebenstraßen entstanden noble Villen, die schon bald durch herrschaftliche Mietshäuser verdrängt wurden. In die Erdgeschosse zogen später Cafés und Restaurants, Tanzdielen und Theater, Kinos und Kabaretts, Läden und Galerien. Der Kudamm wurde zum eleganten Einkaufsboulevard, zur Literaten- und Künstler-

**Kaufhaus Peek & Cloppenburg**, *Tauentzienstraße 19*

Das 1994/95 nach Plänen von **Gottfried und Peter Böhm** errichtete Kaufhaus für den Modekonzern Peek & Cloppenburg übernimmt ganz offensichtlich die kompakte Blockform des benachbarten *Kaufhaus des Westens*, allerdings nur als Betonskelett. In gleicher Höhe zur KaDeWe-Traufe sind die Betonstützen durch eine Waagerechte verbunden und knicken nach innen, wodurch sie das KaDeWe-Dach imitieren. Hinter den Stützen besteht der eigentliche Gebäudekern aus einer Stahlkonstruktion mit großflächiger Glasfront, der zwischen dem Betonskelett jeweils eine zweite, schräg nach vorn geklappte, abgerundete Glasfassade vorgelegt ist.

**Tauentzienpalast**, *Nürnberger Straße 50-55*

Der Tauentzienpalast, auch Feminapalast oder Haus Nürnberg genannt, wurde 1928-31 von **Richard Bielenberg** und **Josef Moser** für die Branntwein-Monopolverwaltung errichtet, beherbergte viele Jahre die Senatsverwaltung für Finanzen sowie im Erdgeschoss Ladengeschäfte - und steht nun seit langem leer. Die symmetrisch angelegte, über 150 Meter lange, mit Travertin und Backstein verkleidete Fassade imponiert mit ihrer stringenten Horizontalgliederung, der die vorgezogenen Erker und Treppenhaustürme ihren Rhythmus geben. Die Fensterbänder sind durch kräftige Rahmenprofile eingefasst. Nobel wirkt die Messingeinfassung der Ladenfront.

**Europacenter**, *Tauentzienstraße 9/Breitscheidplatz*

Neben der *Gedächtniskirche* avancierte das 1963-65 von **Helmut Hentrich** und **Hubert Petschnigg** errichtete Europacenter zum Wahrzeichen der West-Berliner City. Der zweigeschossige, um zwei Innenhöfe angelegte Sockelbau nimmt die gesamte Grundstücksfläche ein, ohne eine einheitliche Straßenflucht auszubilden. Zum Breitscheidplatz, am Ort des legendären Romanischen Cafés, ist er um zwei Obergeschosse aufgestockt, dahinter erhebt sich der 22-geschossige, 86 Meter hohe »Stahl- und Glaskasten« im »International Style«. Weitere Bauteile sind das Kino an der Tauentzienstraße, das *Hotel Palace* an der Budapester Straße und das benachbarte Apartmenthaus.

meile. Im Zweiten Weltkrieg ging etwa die Hälfte der Bebauung unter; funktionale Neubauten und zahlreiche »Billigläden« haben dem Kudamm viel von seinem vornehmen Charakter genommen. Die großen Wohnungen werden überwiegend als Büros genutzt. • Die *Seniorenresidenz Tertianum* (Passauer Straße 5–7, 1998–2000 von Hilmer, Sattler & Albrecht) zeigt zur Straße hin eine wellenförmig bewegte Fassade, wobei jede Welle eine Wohnung umfasst. Das *Salamanderhaus* (Tauentzienstraße 15) ist ein in die drei traditionellen Zonen aufgeteilter Rasterbau, dessen Fassaden hinter der Stahlkonstruktion komplett in Glas aufgelöst sind (1990–92 von gmp von Gerkan,

**Kaiser-Wilhelm-Gedächtniskirche**, *Breitscheidplatz*

**Egon Eiermanns** preisgekrönter Wettbewerbsentwurf sah den Abriss der Ruine vor, die von **Franz Schwechtens** 1891-95 errichtetem neoromanischem Prachtbau übriggeblieben war. Jahrelange heftige Proteste erzwangen einen Kompromiss: Der Stumpf des mit 113 Metern einst höchsten Turms der Stadt wird nun vom vierteiligen Neubauensemble eingefasst. Vor das alte Hauptportal platzierte Eiermann (1960/61) den Kirchenbau, an die Stelle des einstigen Kirchenschiffs den Glockenturm. Beides sind Stahlkonstruktionen mit Flachdach auf fünfeckigem Grundriss. Die Kirchenwände sind aus über 22 000 bläulichen Glasfenstern in zwei Schalen zusammengesetzt.

**Zentrum am Zoo**, *Budapester Straße 38-50*

Der aus vier Einzelbauten bestehende Komplex, der den Zoologischen Garten von der Stadt abschirmt, entstand 1955-57 in konsequent modernen Formen von **Paul Schwebes** und **Hans Schoszberger**. Die Fassaden wurden 1986 durch weiße Kunststoffverkleidungen entstellt. Zum Hardenbergplatz orientiert ist die 16-geschossige Hochhausscheibe. Es folgen das schmuck- und fensterlose Kino *Zoo-Palast*, das langgestreckte *Bikini-Haus*, das aus dem zweigeschossigen Sockelbau mit Kolonnaden und einem auf Stelzen schwebenden dreigeschossigen Aufbau bestand (bis 1978 das dritte Geschoss eingesetzt wurde), und das *Kleine Hochhaus* an der Budapester Straße.

**Schimmelpfenghaus**, *Kantstraße 165*

Der Abriss des Schimmelpfenghauses, das die Sichtachse der Kantstraße versperrt, ist bereits beschlossen. Doch ob das denkmalgeschützte Gebäude von **Franz Heinrich Sobotka** und **Gustav Müller** (von 1957-60) tatsächlich abgebrochen wird, bleibt abzuwarten. Noch spannt sich der Büroriegel, dessen Fassaden mit Muschelkalkplatten verkleidet und gerastert sind, neungeschossig über die Kantstraße. Über einem zurückspringenden verglasten Dachgeschoss erhebt sich das aufgeständerte Dach. Zu beiden Seiten ist die Hochhausscheibe an siebengeschossige Bürotrakte angebunden, die sich nördlich bis zur Hardenbergstraße, südlich bis zum Kurfürstendamm erstrecken.

Marg & Partner). Der Buchladen Hugendubel befindet sich im ehemaligen *Deutschen Familienkaufhaus* (Tauentzienstraße 13), 1955 von Paul Schwebes erbaut. Das *Kaisereck* (Kurfürstendamm 237) entstand 1913/14 nach Plänen von Emil Schaudt, das *Marmorhaus* (bis 2001 Kino, Kurfürstendamm 236) 1912/13 von Scheibner & Eisenberg und Hugo Pál mit einer Fassade aus schlesischem Marmor. Der Nachbarbau Kurfürstendamm 235 stammt von 1983–85 (von Schweger + Partner), der prächtige historistische Bau der ehemaligen *Hofkonditorei Schilling*, bis 1993 Café Möhring, von 1900/01 (von Zaar & Vahl). • Für das Areal zwischen *Gedächtniskirche* und *Bahnhof Zoo* entwarf Richard

**Neues Kudamm-Eck**, *Kudamm 227-228/Joachimsthaler Straße*

Der 2000/01 entstandene Hotel- und Kaufhausneubau von **gmp von Gerkan, Marg & Partner** ersetzt den 1972 eingeweihten Vorgängerbau von **Werner Düttmann**, der - aus weiß verkleideten Kuben zusammengesetzt, mit einer großen Reklamewand und unübersichtlichen Passagen im Innern - 1998 abgerissen wurde. Über der Schaufensterzone sind dem gesamten Baukörper in enger Stellung geschosshohe vertikale Lamellen vorgesetzt. Über dem niedrigeren Sockel, der den Straßenfluchten folgt und die Traufhöhe der Nachbarbauten aufnimmt, erhebt sich, in den oberen Stockwerken zurückgestaffelt, ein zwölfgeschossiger halbrunder Baukörper.

**Allianz-Versicherung**, *Joachimsthaler Straße 10-12*

Die ehemalige Berliner Zentrale der Allianz-Versicherung gliedert sich in ein 14-geschossiges Hochhaus und einen langgezogenen, ebenfalls leicht geschwungenen sechsgeschossigen Flügel, der die Joachimsthaler Straße platzartig erweitert und in einem schmalen Kopfbau zum Kurfürstendamm hin endet. Die Fassaden des Stahlbetonbaus sind mit Travertin verkleidet, das Hochhaus erhält durch die vertikale Betonung mittels Lisenen eine monumentale Note. Die Ladenzone des Erdgeschosses ist durch ein ausschwingendes Vordach von den Büroetagen getrennt. Dieses erste Hochhaus der City-West entstand 1953-55 nach Plänen von **Alfred Gunzenhauser** und **Paul Schwebes**.

**Neues Kranzler-Eck**, *Kurfürstendamm/Joachimsthaler/Kantstr.*

Hinter dem ehrwürdigen *Kranzler-Eck* durchquert der 60 Meter hohe gläserne Riegel von **Helmut Jahn** (1998-2000) das gesamte Grundstück von der Kantstraße bis zur messerscharfen Spitze am Kudamm. Die Struktur des Gebäudes ist durch vorgesetzte Glaswände und Nebentrakte effektvoll verunklart. An die 16-geschossige Scheibe sind zu beiden Seiten halbhohe Baukörper angelagert, von denen einer über das *Bilka-Kaufhaus* ragt. Westlich führt zwischen dem Hochhaus und einem neungeschossigen Neubau eine Passage durch den Block. Zum alten Kranzler-Eck bildet der Neubau einen intimen Innenhof. Die Fassaden variieren das Muster von Jahns *Sony Center*.

Rogers einen 22-geschossigen, 115 Meter hohen Hightech-Bürobau, doch dem Bauherrn ging das Geld aus. Christoph Mäckler präsentierte einen Alternativentwurf für ein 37-geschossiges »Zoofenster«. Nun liegt das Baugrundstück seit vielen Jahren brach. Das *Victoriaareal* wurde 1955–58 von Hanns Dustmann bebaut. An der Joachimsthaler Straße 5–6 entstand der rautenförmig dekorierte geschlossene Kubus des *Kaufhauses Bilka* (heute Karstadt Sport), in den Flachbau mit der Rotunde auf dem Dach zog das berühmte *Café Kranzler* (Kurfürstendamm 18–19), das heute, nach der Umgestaltung, in der Rotunde ein kümmerliches Dasein fristet. Zu den Altbauten des Kurfürstendamms

**Theater des Westens**, *Kantstraße 12*

Als Architekt und Bauherr/Theatergründer in Personalunion baute **Bernhard Sehring** 1895/96 dieses architektonisches Unikum. Der Vorderbau - der Haupteingang lag ursprünglich an der Fasanenstraße - zeigt eine repräsentative und doch beschwingte Mischung aus Renaissance-, Empire- und Jugendstilelementen. Interessant ist die Form der Fenstersprossen, die einen perspektivischen Effekt bewirken soll. Das Bühnenhaus erinnert dagegen eher an die mittelalterliche Burg Eltz: ein zinnenbekrönter Backsteinbau mit Erkern, Giebeln, Türmchen und reichlich Fachwerk dazwischen. Die Innenausstattung schwelgt in Plüsch, Pomp und viel Neobarock. Einst wurden hier Operetten aufgeführt, heute Musicals.

**Ludwig-Erhard-Haus**, *Fasanenstraße 83-84*

Vorbild für den 1994-98 entstandenen Erweiterungsbau der Industrie- und Handelskammer war ein Gürteltier, dessen Panzerform durch die hochschwingenden Stahlbögen übernommen wird. **Nicholas Grimshaw** wollte dem sich täglich ändernden »Organismus« Börse - die Berliner Börse zog bereits 1997 ein - eine adäquat organische Architekturhülle geben. Wie auf der Rückseite sollte auch die Straßenfront dem Verlauf der 15 verschieden hohen Stahlbögen folgen, doch die Behörden bestanden auf der Einhaltung der Straßenflucht und einer definierten Traufhöhe. Die Büros sind im Innern um zwei Atrien angeordnet; eine »interne Straße« bietet einen Blick aufs Börsenparkett.

**Kantdreieck**, *Fasanenstraße 81/Kantstraße 155*

Mit dem großen »Segel« in 36 Metern Höhe gab **Josef Paul Kleihues** der City-West 1992-94 ein neues Wahrzeichen. Der Bau, dem ein strenges 15-cm-Raster zu Grunde liegt, lebt vom Wechselspiel der Materialien und der einfachen geometrischen Formen. Dem »Kernbau« mit einer Kantenlänge von 18 Metern zur Fasanenstraße und 36 Metern zur Kantstraße ist ein Turm aus zwei Kuben à 18 Meter Kantenlänge vorgesetzt: Der untere, fünfgeschossige ist mit Gneisplatten verkleidet, der obere, sechsgeschossige zeigt eine Stahlkonstruktion mit vorgelegten Stützen und Diagonalstreben. Einem dritten Kubus verweigerte das Bezirksamt die Genehmigung.

vermittelte das *Victoriahaus* (Kurfürstendamm 24). An der Ecke Augsburger Straße/ Joachimsthaler Straße entstand nach Plänen von Jan Kleihues 2002–05 ein Luxushotel mit einem 17-geschossigen Turm. Von der Verkehrskanzel aus wurden seit 1955 die Ampeln der Kreuzung geschaltet. • Das *Hotel am Zoo* (Kurfürstendamm 25), 1891 von Alfred Messel errichtet, wurde 1956/57 von Paul Baumgarten aufgestockt. Die *Filmbühne Wien* (Kurfüstendamm 26, 1912/13 von Nentwich & Simon) wurde im Jahr 2000 ebenso wie das *Kino Astor* (Kurfürstendamm 217/Ecke Fasanenstraße, 1895/96 von Heinrich Mittag und Heinrich Seeling) zu einem Modegeschäft umgebaut. Der *Delphi-*

**Künstlerhaus St. Lukas**, *Fasanenstraße 13*

Einige Jahre vor dem *Theater des Westens* entwarf und finanzierte **Bernhard Sehring** 1889/90 das Künstlerhaus St. Lukas, benannt nach dem Schutzpatron der Maler. Das Haus fällt völlig aus dem Rahmen der damals üblichen Architektur. Der mit Wohnungen und Ateliers genutzte fünfgeschossige Backsteinkomplex bietet mit seinem Türmchen, den Stufengiebeln, Balkonen, Skulpturen, unterschiedlichen Fensterformaten und Werksteindekors einen malerischen Anblick. Die unregelmäßig gesetzten Fenster sind aber vor allem aus dem Raumprogramm im Innern entwickelt, und damit nahm Sehring - englischen Vorbildern folgend - ein zentrales Prinzip der modernen Architektur vorweg.

**Bankhaus Löbbecke**, *Fasanenstraße 76-77*

Das 1761 in Braunschweig gegründete Bankhaus Löbbecke residiert in einem dreiteiligen Komplex. Die *Villa Ilse* stammt von 1872-74 und damit aus der ersten Phase der Kudammbebauung. Charakteristisch ist der quadratische Turm, der auf die Potsdamer Villen von **Ludwig Persius** aus den 1840er Jahren zurückgeht. **Wolf-Rüdiger Borchardt** baute die nach dem Bauherrn Leopold Ilse benannte Villa 1991-97 zum Kundenzentrum der Bank um und fügte zwei Neubauten hinzu: ein zur Straße hin orientiertes, hell verkleidetes »Steinhaus« und das zum Hof ausgerichtete »Glashaus«, das mit der Villa durch eine von der Künstlerin **Mona Fux** gestaltete Brücke verbunden ist.

**Literaturhaus**, *Fasanenstraße 23*

Das »Wintergartenensemble« gibt einen Eindruck von der Ursprungsbebauung am Kurfürstendamm gegen Ende des 19. Jahrhunderts. Das Literaturhaus ist in einer Backsteinvilla (1889 von **Becker & Schlüter**) untergebracht, die wie ein italienischer Renaissancepalazzo gestaltet ist. Die neobarocke Villa mit der markanten Dachhaube, die heute dem *Käthe-Kollwitz-Museum* dient, entstand 1871 als erstes Wohnhaus an der Fasanenstraße. Die anschließenden Häuser wurden 1891/92 bereits in der Straßenflucht errichtet. Haus Nr. 25 erbaute sich der Architekt **Hans Grisebach** als sein Wohnhaus; heute ist es Sitz einer Galerie.

*palast* entstand 1927/28 als Tanzcafé (von Bernhard Sehring). Nur noch ein Rest des alten Portals erinnert an die 1938 abgebrannte alte Synagoge (1911/12 von Ehrenfried Hessel). An ihrer Stelle entstand 1957–59 das *Haus der Jüdischen Gemeinde* (von Dieter Knoblauch und Heinz Heise). Das *Hotel Kempinski* bezieht sich mit der gerundeten Ecke und der schlichten Lochfassade auf Bauten der klassischen Moderne (Kurfüstendamm 27, 1951/52 von Paul Schwebes). Vom *Literaturhaus* bietet sich ein Abstecher über Fasanen- und Schaperstraße, Bundesallee, Hohenzollerndamm und zurück über Fasanen- oder Uhlandstraße an. Für die *Freie Volksbühne* baute Fritz Bornemann 1960–

**Kirche am Hohenzollerndamm**, *Hohenzollernplatz*

Der Spitzname »Kraftwerk Gottes« ist nicht unpassend für den 1930-33 entstandenen Backsteinbau von **Fritz Höger**. Ein schlanker Glockenturm erhebt sich neben dem hohen Baukörper auf rechteckigem Grundriss, dessen Seitenwände durch enggestellte Lisenen streng vertikal gegliedert sind. Sie greifen halbrund über die Stirnseite aus, die nur durch einen spitzbogigen, goldgefassten Eingang geöffnet ist. Das Spitzbogenmotiv prägt auch das Kircheninnere - hier sorgen 13 Betonbinder in steiler Spitzbogenform für einen himmelwärts strebenden Charakter. Durch die schmalen farbigen Fenster wird der nach oben hin verschattete Raum »mystisch« beleuchtet.

**Leibnizkolonnaden**, *Walter-Benjamin-Platz*

Auf einem großen, unbebaut gebliebenen Grundstück zwischen Leibniz- und Wielandstraße bauten 1998-2001 **Hans Kollhoff** und **Helga Timmermann** zwei achtgeschossige Baublöcke mit Arkadengängen, Rasterfassaden und einer Attika als Dachabschluss, die einen durch den Straßenblock reichenden, für den Autoverkehr gesperrten Platz rahmen. Die langen Häuserfronten sind abschnittsweise im Detail unterschiedlich und doch ganz ähnlich gestaltet. Die Werksteinfassaden zeigen ein ähnliches Grau wie das Pflaster des Platzes - ein einziger Baum belegt die Fläche -, und dadurch erinnert die Anlage stark an eine städtische Piazzetta im sonnigen Südeuropa.

**Metahaus/ehem. Abspannwerk**, *Leibnizstraße 65-66*

In den 1920er Jahren entstanden über ganz Berlin verteilt neue Abspannwerke, die der BEWAG-Werksarchitekt **Hans Heinrich Müller** individuell und doch in einer einheitlichen Formsprache entwarf. Das 1927-29 erbaute Abspannwerk in der Leibnizstraße, das 1997-2000 von **Petra und Paul Kahlfeldt** zum Büro- und Ateliergebäude umgebaut wurde, ist ein schönes Beispiel dieser expressionistischen, klinkerverkleideten Stahlskelettbauten. Der schlichte Baukörper wird durch das vorkragende Traufgesims mit übereckgestellten Backsteinen zusammengefasst. Die niedrigere Erweiterung hinter dem vorspringenden Treppenhaus zur S-Bahn hin stammt von 1951-53.

63 einen eleganten Beton- und Glasbau (Schaperstraße 24, heute Haus der Berliner Festspiele). Das *Joachimsthalsche Gymnasium* wurde 1875–80 nach einem spätklassizistischen Entwurf von Heinrich Strack erbaut. Es wird heute von der Universität der Künste genutzt (Bundesallee 1–12). Der rote Backsteinbau gegenüber (Bundesallee 216–218) entstand 1893–95 für die Artillerieprüfungskommission und diente 1950–90 als Vertretung der Bundesregierung im offiziell unter alliierter Kontrolle stehenden West-Berlin. • Weitere sehenswerte Bauten: das *Uhlandschloss* (Uhlandstraße 171–174, 1899/1900 von Engelbert Seibertz), das Hochhaus der Hamburg-Mannheimer (Kurfürs-

**Wohnhaus** *Kurfürstendamm 59-60/Leibnizstraße*

Das wohl herausragendste Beispiel für ein Luxusmietshaus der Jahrhundertwende entstand 1905-07 nach Entwürfen der Bauherren **Hans Toebelmann** und **Henry Gross**. In jedem Geschoss befanden sich zwei Wohnungen. Die Wohnungen längs der Leibnizstraße erstreckten sich über 575 Quadratmeter und elf Zimmer – darunter Salon, Empfangsraum, Bibliothek und was man noch zum Leben brauchte. Die Ausstattung war mit Elektrizität, fließend warmem Wasser, Zentralheizung und Aufzügen auf dem modernsten Stand. Heute sind die Wohnungen in kleinere Einheiten unterteilt. Zu den Wohnungen im Erdgeschoss gehörte jeweils ein Vorgarten.

**Bürohaus** *Kurfürstendamm 70/Adenauerplatz*

Die Lewishamstraße wurde 1979 nördlich des Kurfürstendamms quer durch bebaute Straßenblöcke geschlagen. Die entstandenen Restflächen vor den nun offenen Hinterhöfen und Brandmauern besetzte **Jürgen Sawade** 1980/81 durch vier Kopfbauten mit gerasterten Glasfassaden (Mommsenstraße 40, Sybelstraße 15, Dahlmannstraße 33, Waitzstraße 4). Direkt am Kudamm bebaute **Helmut Jahn** 1992-94 das nur 2,50 Meter tiefe Eckgrundstück mit einem 50 Meter hohen Bürohaus aus Stahl und Glas, das ab dem ersten Stock um drei Meter auskragt und effektvoll von einer Antenne bekrönt wird. Der Bau rundet sich zum Kudamm hin zu einer spitzen Kante.

**Schaubühne am Lehniner Platz**, *Kurfürstendamm 153-163*

1926-28 bebaute **Erich Mendelsohn** für die Immobilienfirma Woga einen ganzen Straßenblock mit einem Hotel, einem Kino und einem Kabarett, Wohnungen und Geschäften. Der flache Kabaretttrakt im Westen und der halbrunde Kinobau, 1976-81 von **Jürgen Sawade** zum Theater umgebaut, sind durch eine Stichstraße (heute Fußgängerzone) getrennt. Dahinter erhebt sich das sechsgeschossige einstige Hotel. An der Cicerostraße befindet sich der langgestreckte Wohnblock mit Klinkerbändern, ausschwingenden Balkonen und schmalen, abgerundeten Eingängen. Die in den halbrunden Theaterbau einschneidende Mauerfläche diente als Reklameträger und barg den Lüftungsabzug.

tendamm 32, 1955/56 von Gerber & Risse), die Jugendstilhäuser Kurfürstendamm 37 (1903/04 von Berndt & Lange), Bleibtreustraße 15 und 17 (1902/03 von Otto Harnisch), Mommsenstraße 5 und 6 (1903–06 von Albert Gessner) sowie das *Haus Cumberland* (Kurfürstendamm 193–194, 1911/12 als Boardinghouse/Hotel von Robert Leibniz). Direkt hinter dem alten *Abspannwerk* entstand 1919 eine »Notstandssiedlung« für Kriegsheimkehrer und kinderreiche Familien, von deren fünf nur noch zwei Häuserzeilen erhalten blieben (Niebuhrstraße 14–19b). Nobel wirkt das *Haus Bayer* mit seiner strengen Rasterfassade (1951/52 von Gerber & Risse, Kurfürstendamm 178–179).

Tour 10

# Charlottenburg

Bahnhof Zoologischer Garten

Als erste Großstadt Europas erhielt Berlin 1882 eine Fernbahnlinie quer durch die Innenstadt. Die insgesamt zwölf Kilometer lange Strecke verläuft zwischen Schlesischem Bahnhof und Charlottenburg auf 731 gemauerten Bögen. Zu den Olympischen Spielen 1936 wurde der alte Bahnhof Zoo abgerissen und durch den heutigen Stahl- und Glasbau ersetzt (1934–40 von **Fritz Hane**). Die vier Fernbahnsteige befinden sich in der großen, die beiden S-Bahnsteige in der kleinen, nördlichen Halle. Während der Teilung der Stadt fungierte der Bahnhof Zoo als inoffizieller Hauptbahnhof West-Berlins, 1994–2002 wurde er im Innern grundlegend umgestaltet.

**Ehem. Landwehrkasino**, *Jebensstraße 2*

Das Gebäude, das seit Mai 2004 das Museum für Fotografie mit der Helmut Newton Stiftung beherbergt, entstand 1909 nach Plänen des Büros **Schmieden & Boethke** als Landwehrkasino. Nach der Wiederherstellung 1954 wurde es von verschiedenen Institutionen, u.a. der Kunstbibliothek, genutzt. Nach Plänen von **Petra und Paul Kahlfeldt** wurden das Erdgeschoss und der erste Stock streng und schnörkellos wiederhergestellt, die beiden oberen Geschosse sollen sukzessive für Ausstellungszwecke eingerichtet werden. Die Hauptfassade des neoklassizistischen Baus zeigt einen schlichten, übergiebelten Mittelrisaliten mit ionischer Pilasterordnung.

Der große neobarocke Altbau an der Hardenbergstraße 31 entstand 1905–07 für das *Oberverwaltungsgericht* (Architekten: Paul Kieschke, Eduard Fürstenau); bis zum Umzug nach Leipzig 2002 saß hier das Bundesverwaltungsgericht. Der Hauptsitz der *Berliner Bank* (1951–54 von Gerhard Siegmann) ist durch die Aluminiumverkleidung der Fassade (1975–77) kaum mehr als ein Fünfzigerjahrebau zu erkennen. Die streng gerasterte Hochhausscheibe ist in einen eingeschossigen Sockelbau eingestellt, die Kassenhalle liegt, damals unüblich, unter dem Hochhaus (Hardenbergstraße 32). An der Fasanenstraße 88 entstand 2000–04 nach Plänen von Lothar Jeromin und Walter A.

**ndustrie- und Handelskammer**, *Hardenbergstraße 16-18*

Der 1954/55 nach Plänen von **Franz Heinrich Sobotka** und **Gustav Müller** entstandene Bau ist ein schönes Beispiel für einen repräsentativen Bürobau der 1950er Jahre. Die sechsgeschossige, travertinverkleidete Pfeilerfassade ist streng gerastert, der Eingang ist recht unauffällig gehalten. Die Gebäudeecken zur Fasanenstraße hin sind massiv gestaltet, sie tragen, gemeinsam mit dem stark zurückgezogenen Dachgeschoss, ein Flugdach, wie es in den 50er Jahren sehr beliebt war. An der Rückseite schließt sich ein niedriger Sitzungstrakt an. Der Börsensaal befand sich ursprünglich in einem aufgeständerten sechseckigen Trakt hinter dem Gebäude.

**Universität der Künste**, *Hardenbergstraße 32*

Das Hauptgebäude der ehemaligen Hochschule der Künste entstand 1897-1902 nach Plänen von **Heinrich Kayser** und **Karl von Großheim** in repräsentativen Neobarockformen. Der Mittelrisalit in der zweigeschossigen Schaufront zur Hardenbergstraße war bis zur Kriegszerstörung durch einen Turmaufsatz bekrönt. Die flankierenden Gebäude wurden zerstört. An die Stelle des alten Konzertsaals setzte **Paul G. R. Baumgarten** 1952-54 einen weiß-verputzten Bau, der sich mit einer Glasfassade, die das zweigeschossige Foyer belichtet, zur Hardenbergstraße hin öffnet. Die Deckenform des 1360 Besucher fassenden Konzertsaals zeichnet das Außendach nach.

**Renaissancetheater**, *Hardenbergstraße 6*

Dem schlichten Äußeren sieht man das kostbare Innenleben nicht an. Denn durch den halbrunden Eingangsbereich in der übergiebelten Stirnseite des Eckhauses gelangt man in eines der schönsten Theater Berlins (mit 570 Plätzen), in dem - zum Teil rekonstruiert - die originale Ausstattung von 1926/27 erhalten geblieben ist. Architekt war der Hauptvertreter des deutschen Art dèco, **Oskar Kaufmann**. Beeindruckend sind vor allem die kostbaren Intarsienarbeiten von **Cesar Klein** in verschiedenen Materialien, deren Motive auf das 18. Jahrhundert zurückgehen. Das Gebäude selbst entstand 1902 als Haus des Akademischen Vereins »Motiv« (von **Reimer & Körte**).

Noebel der sachliche Backsteinbau der *Volkswagen-Universitätsbibliothek*, der vom VW-Konzern beträchtlich unterstützten neuen Zentralbibliothek für TU und UdK. Eine schöne Jugendstilfassade zeigt das von August Endell gestaltete Mietshaus Uhlandstraße 197 direkt am Steinplatz (1906). Die *Mensa der TU* errichtete Werner Düttmann 1965–67. Die ehemalige *Hochschule für Kirchenmusik* (Hardenbergstraße 41) entstand 1902/03 in wehrhaften, neoromanischen Formen und in rotem Sandstein (Architekten: Anton Adams und Paul Mebes). • Nordwestlich des *Bahnhofs Zoo*, beiderseits der heutigen Straße des 17. Juni, entwickelte sich seit 1878 ein Hochschulviertel mit der

**Geschäftshaus Hardenberg**, *Hardenbergstraße 4–5*

Das 1955/56 von **Paul Schwebes** erbaute Geschäftshaus knüpft an die dynamischen Bauten der 20er Jahre von **Erich Mendelsohn** und **Luckhardt/Anker** an und gilt als einer der herausragenden Berliner Bürobauten der 50er Jahre. Die Fassade des um zwei abgerundete Ecken geführten Hauses ist in Fensterbänder und Brüstungsfelder aus schwarzem Opakglas aufgelöst; sie werden von feinen Messingprofilen rhythmisiert. Das Erd- und das obere Staffelgeschoss sind vollständig verglast. Umfangen wird die gesamte Fassade von einem dünnen Rahmen aus Beton, der im oberen Abschluss als Flugdach weit vorkragt. Der siebengeschossige Bau wurde 2003/04 denkmalgerecht saniert.

**Telefunkenhaus**, *Ernst-Reuter-Platz 3*

Das heute von der TU genutzte, 80 Meter hohe Telefunkenhaus entstand als höchstes Gebäude der Stadt. **Paul Schwebes** und **Hans Schoszberger** schufen das wohl eleganteste Hochhaus Berlins 1958–60. Der Grundriss eines gelängten Sechsecks geht auf das berühmte Pirelli-Hochhaus in Mailand und das PanAm-Gebäude in New York zurück. Die Fassaden der Längsseiten werden durch sich nach oben verjüngende Betonlisenen gegliedert. Das vertikale Gegengewicht schaffen vorkragende Gesimsbänder, auf denen die ursprünglich mit grünem Opakglas verkleideten Brüstungen aufsaßen. Aus der Cafeteria im obersten Geschoss hat man einen schönen Blick nicht nur auf den Platz.

**Schillertheater**, *Bismarckstraße 100*

An der Stelle eines kriegszerstörten Vorgängers von 1905/06 errichteten **Heinz Völker** und **Rudolf Grosse** 1950/51 das repräsentativste Theater West-Berlins. Die Grundform ist ein schlichter Kubus; die Hauptfront ist mit Travertin verkleidet, die Seiten sind verputzt. Aus der Hauptfassade schwingt ansatzlos eine Fensterfront aus, die das Foyer großzügig belichtet und durch ein schlankes Vordach die Eingänge schirmt. Zum monumentalen Eindruck trägt maßgeblich der schlichte Bühnenturm bei. Der Saal fasst in Parkett und einem Rang 1100 Besucher. Seit der Schließung der Staatlichen Bühnen 1993 wird das Theater nur noch unregelmäßig bespielt.

Technischen Hochschule (seit 1946 *Technische Universität*), weiteren naturwissenschaftlichen Instituten und mit den Hochschulen für bildende Künste, für Musik und für Kirchenmusik (heute *Universität der Künste*). Die Bebauung rings um den bedeutenden Verkehrsknoten, der einst »Knie« hieß und 1953 in Ernst-Reuter-Platz umbenannt wurde, wurde im Zweiten Weltkrieg zerstört. 1955 legte Bernhard Hermkes Pläne für eine Neubebauung mit Hochhausscheiben unterschiedlicher Höhe um einen Kreisverkehr herum vor. In den folgenden Jahren entstanden hochwertige Bauten: die *TU-Fakultät für Bergbau und Hüttenwesen* (Ernst-Reuter-Platz 1, 1955–59 von Willy

**Deutsche Oper**, *Bismarckstraße 35*

Vom neoklassizistischen Deutschen Opernhaus von **Heinrich Seeling** (1911/12) wurde nach den Krieg nur der rückwärtige Teil wiederhergestellt. **Fritz Bornemann** erbaute das Foyer und den Zuschauerraum 1956-61 neu. Zur Straße hin verschanzt sich der kubische Bau hinter einer 70 Meter langen geschlossenen Waschbetonwand, die auf einem drei Meter tief eingerückten Sockelgeschoss aufsitzt. Asymmetrisch ist eine Stahlskulptur von **Hans Uhlmann** vorgesetzt. Die Seitenwände sind in einem Betonraster verglast und geben den Blick in das großzügige Foyer frei. Der Zuschauerraum (mit 1900 Plätzen) entwickelt die traditionelle Ranganordnung modern weiter.

**Rathaus Charlottenburg**, *Otto-Suhr-Allee 100*

Das Rathaus der Stadt Charlottenburg entstand 1899-1905 (von **Reinhardt & Süßenguth**) zunächst in Formen der Neugotik, dann des Jugendstils. Der Standort liegt genau zwischen dem ehemaligen Marktplatz, heute Richard-Wagner-Platz, und der alten Dorfaue von Lietzow. Mit zwei Seiten- und zwei Verbindungsflügeln reicht der Bau weit in den Häuserblock hinein. Die mit Sandsteinquadern verkleidete schwere Fassade ist überbordend mit Figuren und Jugendstilornamentik dekoriert. Aus ihr wächst der 89 Meter hohe Turm hervor, der eine »bürgerliche« Konkurrenz zum Kuppelturm des *Charlottenburger Schlosses* darstellt. 1911-16 wurde der Bau nach Südosten erweitert.

**Keramikmuseum Berlin/Wohnhaus** *Schustehrusstraße 13*

Das älteste erhaltene Wohnhaus Charlottenburgs entstand 1712 nach **Eosander von Göthes** Musterplan für die neue Stadt Charlottenburg. Um 1800 wurde es umgebaut, 1983 nach einem illegalen Teilabriss in den alten Materialien und mit alter Handwerkstechnik wiederhergestellt. Den L-förmig angelegten, fünfachsigen Bau durchschneidet der Flur als zentrale Achse. Rechter Hand liegen zwischen Flur und Tordurchfahrt zwei Stuben und die kleine Küche, links des Flurs zwei größere Räume. Hinter dem Haus, das seit langem leer steht, befindet sich ein idyllisches Hofensemble. Hier zeigt seit Januar 2004 das Keramikmuseum Berlin seine Sammlungen.

Kreuer), das *IBM-Haus*, 1960/61 von Rolf Gutbrod und Bernhard Binder (Nr. 2), die *Deutsche Bank/Berliner Disconto-Bank*, 1966/67 von Günter Hönow und Friedrich Koch (Otto-Suhr-Allee 6–16) und das *Architekturgebäude der TU* (Straße des 17. Juni 150–152, Hochhaus von Bernhard Hermkes, Flachbau 1966–68 von Hans Scharoun). • Am *Ruhrkohlehaus* (Bismarckstraße 107) baute Paul G.R. Baumgarten 1958/59 Berlins erste »Vorhangfassade« aus Fensterbändern und blauen Stahlblechbrüstungen. Der Bürobau mit der ausschwingenden Glasfassade stammt von Kohn Pedersen Fox (1993–95, Bismarckstraße 101). Die Backsteinfassade von *Stadtbad und Gemeindeschule* Krumme

**Wohnbebauung am Luisenplatz**

Das weite Areal vor dem Knobelsdorff-Flügel des *Charlottenburger Schlosses* wird nach Osten begrenzt durch eine dreigeschossige, gerasterte Häuserzeile unter flachem Walmdach (von **Andreas Brandt** und **Rudolf Böttcher**), die in der Mitte gebäudehoch den Zugang zur Eosanderstraße freigibt. Dahinter erheben sich zwei dunkel geklinkerte Wohnzeilen (von **Hans Kollhoff**), deren südliche leicht geschwungen ist, während die nördliche einen Altbau übergreift. Ihre Fassaden öffnen sich in der Mitte hinter einer vorgehängten Glasfläche zu Wintergärten; auf dem sechsgeschossigen Baukörper sitzt ein Flugdach auf. Die Anlage entstand 1984–87.

**Schloss Charlottenburg**, *Luisenplatz 1*

1695–99 erbaute **Arnold Nering** ein Lustschlösschen, das den heutigen Mittelbau von elf Achsen Breite umfasste. **Eosander von Göthe** fügte 1701–13 beiderseits niedrigere Flügel an, die zur Gartenseite eine monumentale Fassade bilden. Er legte den Ehrenhof zur Stadt hin an und krönte das Ensemble durch den hohen Kuppelturm mit einer Fortunastatue. Westlich schloss er die Orangerie an, die durch den Pavillon in der Mitte einen eigenen symmetrischen Bauteil bildet; östlich baute **Knobelsdorff** für Friedrich d. Gr. 1740–46 den zweigeschossigen »Neuen Flügel«. 1787–91 kam in der Verlängerung der Orangerie das Schlosstheater von **C.G. Langhans** hinzu.

**Schinkel- oder Neuer Pavillon**, *Luisenplatz 1*

Für König Friedrich Wilhelm III. und seine zweite Gattin Augusta baute **Karl Friedrich Schinkel** 1824/25 im Park von *Schloss Charlottenburg* ein Sommerhaus nach dem vom König gewünschten Vorbild der Villa Chiatamone bei Neapel. Der schlichte zweigeschossige Kubus beeindruckt durch die Feinheit der Details und der Proportionen. Durch die Gesimse unter den Fenstern, den umlaufenden Balkon und das Gebälk unterhalb des flachen Dachabschlusses werden die Horizontalen betont. Im Obergeschoss öffnet sich der Bau zu allen vier Seiten in tiefen Loggien. Innen legen sich acht Räume um das Treppenhaus im Zentrum des Hauses.

Straße 9–10 beeindruckt durch ihre ungewöhnliche Dekoration (1896–98 von Paul Bratring). Die *Luisenkirche* (Gierkeplatz) entstand 1712–16 nach Plänen von Philipp Gerlach und Martin Böhme als Stadtpfarrkirche Charlottenburgs. 1823–26 baute Schinkel sie grundlegend um. Nach dem Zweiten Weltkrieg wurde nur das Schinkelsche Äußere wiederhergestellt. • Keimzelle der Stadt Charlottenburg, seit 1920 Bezirk von Berlin, war das anfangs nur kleine Lustschloss, das sich die Kurfürstin Sophie Charlotte ab 1695 in schöner Lage an der Spree errichten ließ und das ihre bevorzugte Residenz wurde. Als die beliebte Herrscherin 1705 starb, verlieh Friedrich I. der kleinen Siedlung,

Belvedere im Schlosspark Charlottenburg

Der Schlosspark Charlottenburg ist im vorderen Teil barock, im größeren hinteren Teil als Landschaftsgarten (ab 1818 von **Lenné**) angelegt. Neben dem *Mausoleum* der Königin Luise (1810–12 von **Heinrich Gentz**), in dem auch Friedrich Wilhelm III. (1840) und Wilhelm I. (1888) ihre letzte Ruhestätte fanden, lohnt das ehemalige Teehaus Belvedere einen Besuch. 1788 nach einem Entwurf von **Carl Gotthard Langhans** erbaut, dient es heute als Porzellanmuseum. Der Grundriss zeigt ein Oval mit vier axialen, rechteckigen Anbauten, von denen die jeweils gegenüberliegenden gleich gestaltet sind. So stellt sich der kleine Bau aus verschiedenen Blickwinkeln ganz unterschiedlich dar.

**Gustav-Adolf-Kirche**, *Herschelstraße 14–15*

Ein 20-minütiger Abstecher führt zu einer der interessantesten modernen Kirchen Berlins: der 1932–34 von **Otto Bartning** erbauten evangelischen Gustav-Adolf-Kirche. Durch Pergolen mit den beiden Gemeindehäusern verbunden, erhebt sich die Kirche aus Stahlbetonrahmen und Backsteinmauerwerk auf fächerförmigem Grundriss und in der Höhe fünffach gestaffelt, um in einem schlanken Turm an der Straßenecke zu gipfeln. Der Innenraum ist durch weiß verputzte Längsbinder, die Fensterbänder und den leicht abfallenden Boden ebenfalls zur Turmpartie hin orientiert, vor der der Altar platziert ist – architektonisch nicht vom Gemeinderaum abgesondert.

**Westlicher Stülerbau/Museum Berggruen**, *Schlossstraße 1*

Gegenüber dem *Schloss Charlottenburg*, als Auftakt zur Schloßstraße, baute **August Stüler** 1851–59 zwei identische Bauten auf quadratischem Grundriss, die nach allen vier Seiten gleiche Fassaden zeigen: die ehemaligen Offizierskasernen der Gardes du Corps. Auf dem gequaderten Sockelgeschoss sitzen die beiden verputzten Obergeschosse; die drei mittleren Fensterachsen springen als übergiebelte Risalite leicht vor. Jeder Bau wird bekrönt durch eine säulengetragene Kuppel. Im Innern legen sich die Räume um ein rundes Treppenhaus. Der westliche Bau beherbergt seit 1996 das Museum Berggruen, das östliche Pendant das *Ägyptische Museum*.

die vor dem Schloss entstanden war, die Stadtrechte und – wie auch dem Schloss – den Namen Charlottenburg. 1720 wurde auch das nahe gelegene, seit dem Mittelalter bestehende Dörfchen Lützow/Lietzow (um die heutige Straße Alt-Lietzow) eingemeindet. Anfang des 19. Jahrhunderts wurde Charlottenburg von wohlhabenden Berlinern als Ausflugsort und Sommersitz entdeckt; in der zweiten Hälfte des 19. Jahrhunderts entstanden in der Villenkolonie Westend und längs des Kurfürstendamms Nobelvillen und -mietshäuser. Charlottenburg, dessen Gebiet bis 1938 den gesamten »Neuen Westen« um die *Gedächtniskirche* bis zum Nollendorfplatz umfasste, galt nach Wiesbaden

**Doppelsporthalle**, *Schlossstraße 56/Ecke Otto-Grünberg-Weg*

Die 1988 von **Inken und Hinrich Baller** erbaute Doppelsporthalle nutzt den gegebenen Platz optimal. Im ersten Stock des aufgeständerten Baus befindet sich die kleinere Halle, im zweiten Stock eine mit offenem Holzdach überwölbte Halle von olympischen Maßen. Die Umkleiden befinden sich an der Schmalseite des Gebäudes. Das Treppenhaus ist als verglaster Erker vor die Bauflucht gesetzt, die Geräteräume kragen über die Rückseite heraus. Die filigranen türkisfarbenen Balkongitter und die gezackte Dachtraufe zeigen die markante Handschrift des Architektenehepaars Baller, die man auch am Wohnhaus Schloßstraße 45–47 sofort erkennt.

**ICC – Internationales Congress Centrum**, *Messedamm 19*

Auf einer Verkehrsinsel an der Stadtautobahn entstand 1975–79 das Internationale Congress Centrum (ICC) von **Ralf Schüler** und **Ursulina Schüler-Witte**. Der futuristische Bau, 320 Meter lang und 80 Meter breit, birgt zwei große Säle und zahlreiche kleinere Sitzungsräume. Um die Räume akustisch zu isolieren, ruht der gesamte Innenbau unabhängig vom Außenbau auf Stahlbetonbindern. Wände und Dach werden von außenliegenden, wie Brücken den Baukörper überfangenden Stahlfachwerkträgern gestützt. Die Aluminiumverkleidung lässt das Konstruktionsprinzip deutlich erkennen. Vor dem Haupteingang steht die Skulptur »Alexander d. Gr. vor Ekbatana« von **Jean Ipoustéguys**.

**Funkturm**, *Messegelände*

Als der Funkturm 1926 anläßlich der 3. Deutschen Funkausstellung feierlich eröffnet wurde, erregte er trotz seiner aus heutiger Sicht geringen Höhe von 138 Metern (mit Antenne 150 Meter) viel Aufsehen. Denn er kommt mit einer Bodenfläche von nur 20 mal 20 Metern aus. Das Verhältnis von Grundfläche zu Höhe beträgt 1 zu 6,9 – ein Wert, den nur Stahlbetontürme übertreffen. Die nur 400 Tonnen schwere Stahlkonstruktion trägt in 55 Metern Höhe auf zwei Geschossen eine um fünf Meter auskragende Kanzel mit dem Restaurant. In 125 Metern Höhe befindet sich die Aussichtsplattform. Seit 1963 wird der Sendemast auf der Turmspitze nur noch für den Polizeifunk genutzt.

als reichste Stadt Preußens. • Der Bau des *Bröhanmuseums* (Schloßstraße 1) entstand 1892/93 als Gardegrenadier-Kaserne. Nobel gestaltet ist das *Boschhaus* (Bismarckstraße 71, 1916/17 von Bielenberg & Moser). Das *Wilhelm-Weskamm-Haus* entstand 1955/56 als Studentenwohnheim (Suarezstraße 15–17, von Heinz Völker und Rudolf Grosse), ebenso das *Ignatiushaus* (Neue Kantstraße 1, 1956/57 von Johannes Jackel). Zwischen beiden führt ein Durchgang zur 2002 geweihten *Canisiuskirche* (Witzlebenstraße 27–29, von Büttner, Neumann & Braun), die einen abgebrannten Fünfzigerjahrebau (von Reinhold Hofbauer) ersetzt. Die Kirche ist in einen großen Betonrahmen ein-

**Eingangshalle Messegelände**, *Hammarskjöldplatz*

Das Messegelände wurde ab 1914 erschlossen. Entwürfe für eine planmäßige Bebauung des Areals von **Martin Wagner** und **Hans Poelzig** 1928 sowie von **Richard Ermisch** 1934 blieben Fragment. Zahlreiche ältere Hallen wurden im Zweiten Weltkrieg zerstört. Das heutige Messegelände ist ein Konglomerat aus verschiedensten Konstruktionen, Stilen und Materialien (Bauten u.a. von **Düttmann**, **Sobotka**, **Müller**, **Ungers**). Die 35 Meter hohe Ehrenhalle, die von zwei 100 Meter langen Hallentrakten eingefasst ist, entstand 1934–36 nach Plänen von Ermisch. Ihre Fassaden antworten der expressiven Vertikalität des gegenüberliegenden *Haus des Rundfunks* mit starrer Monumentalität.

**Haus des Rundfunks**, *Masurenallee 8–14*

Zentrale Idee des ersten eigenständigen Funkhauses der Welt (1929–31 von **Hans Poelzig**) war die Platzierung der drei großen Sendesäle in der Gebäudemitte, wo sie durch umliegende Bürotrakte vom Straßenlärm abgeschirmt werden. Von den Enden der 150 Meter langen Hauptfront schwingen zwei Flügel konvex nach hinten und bilden so ein stumpfes Dreieck. Die trapezförmigen Sendesäle werden von der über alle fünf Geschosse reichenden Haupthalle mit ihren gelb geklinkerten Galerien erschlossen. Die monumentale Hauptfront ist vertikal gegliedert – mit rotbraunen Keramikplatten verkleidete Streifen springen an den schwarz geklinkerten Wandflächen vor.

**RBB-Fernsehzentrum**, *Theodor-Heuss-Platz*

Über Brücken mit Poelzigs *Haus des Rundfunks* verbunden ist das 1963–71 von **Robert Tepez** erbaute ehemalige SFB-Fernsehzentrum. Der fünfeckige Turm dient als Scharnier für die beiden Flügel des 13- bzw. 14-geschossigen Hochhauses, dessen Fassaden mit dunklen Fensterbändern und aluminiumverkleideten Brüstungen horizontal geprägt sind. Der nördliche Flügel des aufgeständerten Hochhauses überfängt einen zweigeschossigen, mit Waschbetonplatten verkleideten Trakt, der zu den fensterlosen, backsteinverkleideten Studiokuben längs des Kaiserdamms überleitet. Vorgelagert ist ein aufgeständerter Pavillon auf fünfgeschossigem Grundriss.

gebunden, abseits steht ein schlanker Campanile. Dem *Reichsmilitärgericht* (Witzlebenplatz 1–2, 1908–10 von Kayser & von Großheim) wurde zum Lietzensee hin ein schlossähnlicher Trakt als Dienstwohnsitz des Gerichtspräsidenten angefügt. Der Präsident der Oberpostdirektion (Herbartstraße 18–22, Dernburgstraße 40–58, 1925–28 von Willy Hoffmann) wohnte im Trakt mit Zickzack-Traufgesims. Die *Kirche am Lietzensee* (Herbartstraße 4–5, 1957–59) stammt von Paul G. R. Baumgarten. Zum Abschluss bietet sich ein Abstecher an: zur spiegelbildlich angelegten Doppelvilla von Erich Mendelsohn (1921/22) am Karolingerplatz 5–5a.

Tour 11

# Südliche Friedrichstadt

**Haus am Checkpoint Charlie**, *Kochstr. 62-63/Friedrichstr.*

**Peter Eisenman** und **Jaquelin Robertson** schlossen 1985-87 den Straßenblock durch ein achtgeschossiges Wohn- und Geschäftshaus, das seine Spannung aus der Verschränkung zweier Bauteile erhält. Der eine folgt der Straßenflucht, der andere, um sieben Grad gedreht, ist exakt nach Norden ausgerichtet. Die Fassaden sind mit unterschiedlichen Rastern überzogen. Die unteren beiden Geschosse werden größtenteils vom Mauermuseum genutzt, in den oberen Stockwerken befinden sich 37 Sozialwohnungen. Die Wettbewerbsjury lobte den Entwurf 1981 als »angemessene Reaktion auf die differenzierte und in sich widersprüchliche Planungsgeschichte der Friedrichstadt«.

**Taz-Haus**, *Kochstraße 18-19*

1989 bezog die alternative »Tageszeitung« den aus dem Jahr 1909 stammenden Altbau im historischen Zeitungsviertel. Der vom Architekten **Carl Kühn** stammende historistische Bau mit der ausschwingenden verglasten Mittelpartie und den Atlanten, die auf Höhe des ersten Stocks die oberen Geschosse »tragen«, wurde saniert und erhielt 1990/91 eine Erweiterung. **Gerhard Spangenberg** setzte in seinem siebengeschossigen Bürobau ganz auf Transparenz und konstruktive Klarheit. Die abgerundete Ecke vermittelt zum weit von der Straße zurückgesetzten Nachbarhaus – bis zu dieser Linie sollte die Kochstraße in den 50er Jahren verbreitert werden.

Der Checkpoint Charlie war bis 1989 der wohl bekannteste innerdeutsche Grenzübergang, den allerdings nur Ausländer und Diplomaten nutzen durften. Hier standen sich beim Bau der Mauer 1961 die Panzer von Amerikanern und Sowjets gegenüber. An die einstige Grenze erinnern seit 1998, als Installation von Frank Thiel, die Bilder eines amerikanischen und eines sowjetischen Soldaten. Das große Areal der Kontrollanlagen ist heute zum Teil wieder überbaut. Die Berliner Mauer folgte der Zimmerstraße, die Mitte und Kreuzberg voneinander trennt. Durch den Fall der Mauer funktionslos wurde der 1988–90 als Kontrollgebäude errichtete Bau mit dem durchlöcherten Flug-

**GSW-Haus**, *Kochstraße 22a*

Die 22-geschossige Scheibe mit dem markanten Flugdach in 85 Metern Höhe sitzt auf zwei flachen Sockelbauten auf, die mit ihrer schwarzen, wie Schiefer anmutenden Fassadenverkleidung und den liegenden Fensterformaten einen starken Kontrast bilden. Clou ist die Energiesparfassade aus zweischichtigen Glashäuten, die die Oberfläche verschleiert und wie ein Gewebe changieren lässt. Die in verschiedensten Rottönen spielenden Sonnenschutzlamellen schaffen ein buntes Fassadenmosaik. Der 1995-99 entstandene Bau von **Matthias Sauerbruch** und **Louisa Hutton** verdeckt ein 17-stöckiges Punkthochhaus von **Paul Schwebes** und **Hans Schoszberger** (1960/61).

**Büroztr. Markgrafenpark**, *Kochstr. 27-31, Markgrafenstr. 19*

2001-03 entstanden fünf achtgeschossige Bürohäuser längs der Kochstraße zwischen Markgrafen- und Lindenstraße; zwölf weitere Büro- und Wohnhäuser sollen im rückwärtigen Areal um einen zentralen Park herum errichtet werden. Die von **Hans D. Strauch** und anderen Architekten entworfenen Abschnitte zeigen ganz unterschiedlich gestaltete Fassaden - im Material der Verkleidung, in der Gliederung, in den Fensterformaten. Ungewöhnlich ist das *Haus der Presse* in der Markgrafenstraße 15 (1999/2000 von **Jo Franzke**). Über einen backsteinverkleideten Kernbau greift ein Bauteil aus, dessen gerundete Seitenfront mit Zinkblechen verkleidet ist.

**Quartier Schützenstraße**, *Schützen-/Markgrafen-/Zimmerstr.*

1995-98 entstand nach Plänen von **Aldo Rossi**, **Götz Bellmann** und **Walter Böhm** dieser Gegenentwurf zu den großen, einheitlich gestalteten Blöcken längs der Friedrichstraße. Das Quartier zwischen Schützen-, Markgrafen-, Zimmer- und Charlottenstraße wurde in kleinere Parzellen unterteilt, die durch verschiedene Fassaden und Dachgestaltungen jeweils unterschiedlich ausgeformt sind. Auch die traditionelle Berliner Hinterhofbebauung wurde wiederbelebt. Die Fassaden sind mit ihren Materialien und knalligen Farben dennoch unverkennbar modern. An der Schützenstraße entstand eine Kopie des Palazzo Farnese, eines berühmten römischen Renaissancebaus.

dach in der Friedrichstraße 207–208 (OMA/Rem Koolhaas, Matthias Sauerbruch, Elia Zenghelis). Einen kleinen Umweg lohnen zwei interessante, im Rahmen der IBA entstandene Bauten: das Wohn- und Geschäftshaus Friedrichstraße 32–33 mit einer als »Betongerüst« gebildeten Fassade (1986/87 von Raimund Abraham; neben dem ehemaligen Landesarbeitsamt von 1938–40) und die Wohnanlage mit Atelierturm Charlottenstraße 96–98 des bedeutenden Theoretikers John Hejduk (1986–88). Das Geschäftshaus und *Hotel Roter Adler*, Schützenstraße 6–6a, versah der Messel-Schüler Otto Michaelsen 1903/04 mit einer opulent dekorierten Fassade. In strengem Kontrast

**Mossehaus**, *Schützenstraße 18-25*

Bei Straßenkämpfen nach dem Ersten Weltkrieg war der Eingangsbereich ins Druck- und Verlagshaus des Berliner Tageblatts (Herausgeber Rudolf Mosse) zerstört worden. **Erich Mendelsohn** brach 1921-23 die historistische Sandsteinfassade des 1900-03 von **Cremer & Wolffenstein** errichteten Baus auf und setzte einen extrem horizontal betonten Bauteil aus Eisen und Keramik in den Altbau. Über dem kräftigen Gesims des Eingangs schichtete er breite Fensterbänder übereinander, die in den oberen zwei Stockwerken den ganzen Baukörper überfangen. Der Eckteil ist durch ein weiteres Obergeschoss zusätzlich betont, der Bau erhielt so eine enorme Dynamik.

**Axel-Springer-Verlag**, *Kochstraße 50*

Es war ein politisches Signal, dass der Verleger Axel Springer 1961-66 sein Verlagshaus ausgerechnet hier, im alten Presseviertel direkt an der Mauer, errichten ließ. Als Gegenreaktion auf den 68 Meter hohen Bau entstanden als »Sichtschutz« auf DDR-Seite längs der Leipziger Straße bis zu 25-geschossige Hochhausscheiben (1972-77). Zum goldschimmernden Bau von **Franz Heinrich Sobotka** und **Gustav Müller** trat 1992-94 ein verspiegelter, ebenfalls 19-stöckiger Neubautrakt (von **Gerhard Stössner** und **Thomas Fischer**). 2000-03 entstand am Ort der alten Druckerei ein glasverkleidetes Dienstleistungszentrum nach Plänen des Londoner Büros **Renton Howard Wood Levin**.

**Bundesdruckerei**, *Kommandantenstraße 15*

Seit 1852 befand sich hier die Preußische Staatsdruckerei, aus der die Reichs-, die Staats- und schließlich 1951 die Bundesdruckerei hervorgingen. 1993-97 entstand nach Plänen des Büros **BHHS & Partner** das langgestreckte, backsteinerne Wertdruckgebäude. Hinter der vorgehängten Glasfassade sind Rohre sichtbar, die mit Folien verklebten hinteren Glasfenster lassen nur ahnen, dass hier Banknoten, Ausweise, Briefmarken und Wertpapiere hergestellt werden. An einem kleinen dreieckigen Vorplatz befindet sich der Besuchereingang. Die Fassaden der beiden Flügel sind hier in den Farben, Formen und Materialien sehr kleinteilig und unruhig gehalten.

dazu wurde die kriegsbeschädigte Eckpartie 2001 von Nalbach + Nalbach ausgebessert. • Die Friedrichstadt endete ursprünglich nach Westen an der Mauer-, nach Süden an der Zimmerstraße, ehe sie in den 1730er Jahren beträchtlich erweitert wurde – bis zu den heutigen Straßen Ebert-, Stresemann- und Gitschiner Straße. Als Endpunkte wurden ein »Quarré« (heute der Pariser Platz), ein »Octogon« (Leipziger Platz) und ein »Rondeel« (heute Mehringplatz) angelegt. Die Alte Jakobstraße bildet in etwa die Grenze zur Luisenstadt, deren großes Gelände erst ab Mitte des 19. Jahrhunderts dicht bebaut wurde. Die *Jacobikirche* (Oranienstraße 132–34) ist eine dreischiffige Basilika

**Ehem. Reichsschuldenverwaltung**, *Oranienstraße 106–109*

Das große Eckgebäude entstand 1919–24 nach Plänen von **German Bestelmeyer** für die 1820 gegründete, durch die Reparationsverpflichtungen nach dem Ersten Weltkrieg enorm gewachsene Reichsbehörde. Heute sitzt hier die Senatsverwaltung für Gesundheit, Soziales und Verbraucherschutz. Die lange, um die abgerundete Ecke gezogene Backsteinfassade umschließt einen Baukörper mit vier Innenhöfen. Die schlichte Reihung der geschossübergreifenden Pfeiler und zurückgelegten Wandfelder wird durch geschlossene Wandfelder mit Terrakottaskulpturen von **Hugo Lederer** unterbrochen. Der monumentale Bau ist sparsam mit Terrakottaornamenten dekoriert.

**IBA-Wohnpark**, *Am Berlin-Museum*

An der Stichstraße zwischen *Berlin-Museum* und dem pompösen Altbau der ehemaligen Victoria-Versicherung (Lindenstraße 20–25, 1906–13) entstanden unter der Gesamtleitung von **Hans Kollhof** und **Arthur Ovaska** auf der nördlichen Seite nach ihren eigenen Entwürfen eine 170 Meter lange Wohnzeile (1984–86), auf der südlichen Seite so genannte »Stadtvillen« nach Plänen verschiedener Architekten. In die Hofanlage des Victoriagebäudes einbezogen wurde ein postmoderner Bau von **Arata Isozaki** (Lindenstraße 19). Der backsteinverblendete Eingangsbau, der die Formen des Berlin-Museums grob aufnimmt, stammt von **Werner Kreis, Ulrich und Peter Schaad**.

**Ehem. Berlin-Museum**, *Lindenstraße 9–14*

Das 1734/35 durch **Philipp Gerlach** errichtete Palais beherbergte Justizbehörden, die aus dem Stadtschloss ausgelagert wurden, darunter das Kammergericht. Der letzte erhaltene Barockbau der südlichen Friedrichstadt war ursprünglich durch eine Sichtachse mit dem Gendarmenmarkt verbunden, die heute von der Leipziger Straße unterbrochen ist. Das Giebelfeld des zweigeschossigen, dreiflügeligen Palais ziert das preußische Staatswappen, flankiert von den allegorischen Figuren der Caritas und der Justitia. Seit der Wiederherstellung nach den Kriegszerstörungen 1963 diente der Bau als Berlin-Museum (d.h. Stadtmuseum West-Berlins), heute ist er Teil des *Jüdischen Museums.*

in frühchristlichen Formen hinter einem arkadenumstandenen Atrium. Die 1844/45 von August Stüler erbaute Kirche wurde nach dem Krieg vereinfach wiederhergestellt. 1979–88 entstanden die IBA-Wohngebiete Ritterstraße-Süd und Ritterstraße-Nord nach dem Gesamtkonzept von Rob Krier. Die kleinteilige Bebauung wurde von verschiedenen Architekten postmodern gestaltet. Von Krier stammen das H-förmige, mit seinem Bogen an den Wiener Karl-Marx-Hof erinnernde Gebäude (Ritterstraße 63/64) und das *Feilnerhaus* am Schinkelplatz, eine sehr freie Adaption des berühmten, im Krieg zerstörten gleichnamigen Backsteinhauses von Schinkel. Längs der Hochbahn erstreckt

**Jüdisches Museum**, *Lindenstraße 9-14*

Als Erweiterung des *Berlin-Museums* im Barockpalais entstand 1992-99 nach Plänen von **Daniel Libeskind** ein gleich hoher, unterirdisch mit dem Altbau verbundener, zinkblechverkleideter Monolith auf unregelmäßig gezacktem Grundriss. Hinter der silbern glänzenden Außenhaut mit ihren unregelmäßigen Fensterschlitzen verbergen sich vier verschieden hohe Geschosse, die im Innern nicht unterteilt sind. Der gesamte Bau wird von einer geraden Linie durchschnitten. In den Schnitträumen liegen Betonschächte, die zum Teil unzugänglich sind. Sie symbolisieren die Leere, die die Vernichtung des jüdischen Lebens in Berlin hinterlassen hat.

**IG-Metall-Haus**, *Alte Jakobstraße 148-155*

An die Spitze des dreieckigen Grundstücks setzte **Erich Mendelsohn** 1929/30 einen konkav geschwungenen, travertinverkleideten fünfgeschossigen Kopfbau, in dessen oberem, höherem Geschoss sich der zentrale Sitzungssaal befindet. Ihm ist ein Glaserker mit Fahnenstange vorgesetzt. Zur Hofseite springt ein rundes, glasverkleidetes Treppenhaus halb aus dem Bau vor. Etwas zurückversetzt gliedern sich an den Kopfbau die beiden viergeschossigen Büroflügel an, die durch die durchlaufenden Brüstungen und Sohlbänke der Fensterbänder horizontal geprägt sind. Im hinteren Bereich sind beide Flügel durch einen Zwischentrakt verbunden.

**Stadtquartier am Mehringplatz**

Die Neubebauung des kriegszerstörten Areals (1968-75) basiert auf einem städtebaulichen Gutachten von **Hans Scharoun** von 1962. Die kreisförmige Anlage orientiert sich am barocken »Rondell«, später Belle-Alliance-Platz, schließt jedoch den Autoverkehr aus der inneren Anlage aus. **Werner Düttmann** entwarf einen aufgeständerten viergeschossigen und einen halbkreisförmigen äußeren Häuserring mit sechs Geschossen um den Platz, in dessen Mitte wieder die Friedenssäule aufgestellt wurde. Die bis zu 17-geschossigen Hochhausscheiben mit Rasterfassaden sollten die Anlage ursprünglich nach Norden und Osten gegen die geplante Autobahn abgeschirmen.

sich der historistische Bau des *Patentamtes*, heute eine Außenstelle der Münchner Zentrale (1903–05 von Hermann Solf und Franz Wichards, Gitschiner Straße 97–103). • Vom Mehringdamm bietet sich ein Abstecher zum Kreuzberg an, der dem 1920 geschaffenen Bezirk seinen Namen gab. Auf der natürlichen Anhöhe, von der aus man einen schönen Blick über Berlin hat, wurde 1817–21 nach Plänen von Schinkel das Nationaldenkmal zur Erinnerung an die Befreiungskriege gegen Napoleon errichtet. Der Weg führt vorbei an der ehemaligen *Gardedragoner-Kaserne*, heute Finanzamt, die an ein romanisches Kastell erinnert (Mehringdamm 20–25, 1850–53 von Wilhelm

**Amerika-Gedenkbibliothek**, *Blücherplatz 1*

Die von den USA gestiftete Landesbibliothek besteht aus einem leicht geschwungenen sechsgeschossigen Magazin- und Verwaltungsbau und vorgelagerten eingeschossigen Flachbauten, in denen sich das Foyer, die Lesesäle und ein Vortragssaal befinden. Alle Publikumsbereiche sind durch große Fensterflächen zur Umgebung geöffnet. Die Längsseiten des Hochhauses sind streng gerastert, die Felder sind im Wechsel mit Fenstern und Keramikplatten besetzt. Die Rückseite zeigt durchlaufende Fensterbahnen. Der erste große deutsche Bibliotheksbau nach dem Zweiten Weltkrieg entstand 1952-54 nach Plänen von **Gerhard Jobst**, **Willy Kreuer**, **Hartmut Wille** und **Fritz Bornemann**.

**Kirche zum Heiligen Kreuz**, *Zossener Straße 65*

Der neugotische Bau mit dem überkuppelten 81 Meter hohen Vierungsturm entstand 1884-88 nach Plänen von **Johannes Otzen**. Als die Kirche für die Gemeinde viel zu groß geworden war, entschied man sich für einen wegweisenden Umbau, den die **Architektengruppe Wassertorplatz** 1990-95 unternahm. Die Querarme wurden durch Glaswände abgetrennt und in Räume für Konferenzen und ein Café umgewandelt. Der verbliebene Kirchenraum wurde durch Akustiksegel auch für Konzerte geeignet gemacht. In den Dachstuhl wurden Büroräume eingebaut, in die man über einen freistehenden gläsernen Fahrstuhl gelangt. Die oberen Dachflächen wurden verglast.

**Willy-Brandt-Haus**, *Stresemannstr. 28/Wilhelmstr. 140-141*

In der Wilhelmstraße, in der Nähe des 1933 geschlossenen Parteisitzes, baute **Helge Bofinger** 1993-96 die SPD-Parteizentrale. Dominante des siebengeschossigen Baus ist die abgestumpfte Blockspitze. Über dem konkaven Grundriss schwingen die oberen drei Geschosse nach vorne aus. Schräg aus den Baufluchten der Seitenfassaden vorspringende Balkone im sechsten Geschoss erzeugen zusätzliche Dynamik. Die Außenansicht wird geprägt durch große Fensterflächen, die in ein Raster aus hellen Kalksteinplatten eingefasst sind. Im Zentrum des Baus befindet sich ein verglastes Atrium, den rückwärtigen Teil durchquert eine Passage.

Drewitz), an der doppeltürmigen *Bonifatiuskirche* (1906/07 von Max Hasak) und durch ein Berliner Kleinod, das 1881–1900 in schweren Neorenaissanceformen errichtete Wohnhausensemble *Riehmers Hofgarten* (Yorckstraße 83–86). Eine überraschend dynamische Hofansicht offenbart das zweiteilige, sich zu 13 Geschossen aufschwingende Bauensemble Hallesches Ufer 24–28/Wilhelmstraße 149–150 (1968 von Hermann Fehling und Daniel Gogel). 1979 begann das Projekt der Internationalen Bauausstellung IBA, die ihre Ergebnisse 1987 präsentierte. Als Leiter der für alle Neubauprojekte zuständigen »IBA-Neu« holte Josef Paul Kleihues fast alle wichtigen Namen der inter-

**Hebbeltheater**, *Stresemannstraße 29*

Das kleine, aber feine Hebbeltheater aus den Jahren 1907/08 begründete **Oskar Kaufmanns** Ruf als exzellenter Theaterarchitekt. Durch die Fassadenverkleidung mit bossierten, d.h. aufgerauten Muschelkalkplatten, wie sie sonst nur für Sockelzonen üblich ist, erhält der Bau etwas Wehrhaftes. Fast die ganze Vorderfront ist von einem Giebel überfangen. Prägendes Moment der Fassade ist der vorgewölbte Fensterbau in einer Wandnische. Die Wände des intimen Innenraums sind mit Mahagoni vertäfelt oder mit Seide bespannt. Der relativ flache, steile Zuschauerraum folgt mit seiner Einteilung in Parkett und zwei Ränge dem traditionellen Schema.

**Postgiroamt**, *Hallesches Ufer 40-60*

Das 1965-71 nach Plänen von **Prosper Lemoine** errichtete Bauensemble, das heute von der Postbank genutzt wird, ist ein Bilderbuchbeispiel für den »International Style«. Über den zweigeschossigen Flachbauten für das Rechenzentrum und die Kassenhalle ist der 23-geschossige Hochhausriegel aufgeständert. Die Längsseiten zeigen eine strenge Rasterung: Durch den Wechsel von Fensterbändern und dunklen Brüstungen ist die Fassade horizontal betont; ein Gegengewicht schaffen allerdings die vertikal durchlaufenden Metallprofile. Der Bau wirkt zeitlos elegant, korrespondiert jedoch nicht im geringsten mit seiner Umgebung.

**Familiengericht**, *Hallesches Ufer 62-64/Möckernstraße*

Der 1993-95 nach Plänen von **Oswald Matthias Ungers** entstandene Bau erweitert das alte Familiengericht Kreuzberg-Tempelhof an der Möckernstraße. Grundriss und Fassadengestaltung basieren auf dem Quadrat. Das strikte Grundmuster wird jedoch von dem hohen Würfel aufgebrochen, der schräg in den vorderen Flügel eingefügt ist und dem Bau dadurch Spannung verleiht. In die mit hellem Naturstein verkleideten Wände sind plan die quadratischen Fenster eingelassen. Vorgesetzt ist ein kleiner rot verputzter Pavillon, in dem eine Kindertagesstätte untergebracht ist. Auf Ungers' Architektur antwortet eine Würfelskulptur von **Sol Le Witt** vor dem Haupteingang.

nationalen Architektenszene nach Berlin. Zu einem der vier Demonstrationsgebiete wurde die schwer kriegszerstörte südliche Friedrichstadt bestimmt. Das Leitbild der von Kleihues formulierten »kritischen Rekonstruktion«, in deren Rahmen die einzelnen Architekten große Freiheiten genossen, war die Wiederherstellung und Weiterentwicklung der traditionellen, vielfältigen und lebendigen Stadt, und zwar – im Gegensatz zu den 50er und 60er Jahren – auf dem historischen Stadtgrundriss. • Im Rahmen der von Hardt-Waltherr Hämer geleiteten »IBA-Alt« wurde das besetzte *Tommy-Weißbecker-Haus* (Wilhelmstraße 9) legalisiert und 1982–87 instandgesetzt, wobei es voll-

**Dt. Technikmuseum**, *Trebbiner Str. 10-15/Tempelhofer Ufer*

Die Erweiterung des Deutschen Technikmuseums (von **Ulrich Wolff** und **Helge Pilz**), deren Bau sich aus Geldmangel von 1995 bis 2003 hinzog, besetzt einen herausgehobenen städtebaulichen Ort am Landwehrkanal mit einem Hightech-Gebäude, das im Innern seine Konstruktion und die Haustechnik sichtbar belässt. Vor dem Haupteingang hängt ein Rosinenbomber, der während der Berliner Luftbrücke 1948/49 im Einsatz war. Hinter der Stahl- und Glasfassade verbirgt sich ein fünfgeschossiger Bau, dessen Geschosse wegen der großen Exponate zum Teil aufgebrochen sind. Kahle Backsteinwände leiten zum Alt- und Eingangsbau in der Trebbiner Straße über.

**Lapidarium**, *Hallesches Ufer 78*

Das heute von der Berlinischen Galerie als Ausstellungshaus genutzte Lapidarium entstand 1873-76 als Pumpwerk für das nach Plänen von **James Hobrecht** aufgebaute Berliner Abwassersystem. Gemeinsam mit dem Regenwasser wurden die Abwässer zu zwölf über die Stadt verteilten Pumpstationen geleitet und von da aus weiter auf die Rieselfelder außerhalb der Stadt befördert. Dort versickerten sie, durch den Boden gereinigt, ins Grundwasser. Die 1972 stillgelegten Dampfturbinen sind noch erhalten. Im Hof und im Innern des historistischen Backsteinbaus mit Werksteindekor sind u.a. die Figuren der Siegesallee aufgestellt.

**Tempodrom**, *Möckernstraße 10-25*

Auf dem ehemaligen Bahnhofsgelände entstand 1999-2001 nach Plänen von **gmp von Gerkan Marg & Partner** ein Veranstaltungsbau mit einer zentralen Halle für 3800 Zuschauer - als Ersatz für das Zirkuszelt Tempodrom, das dem Bau des *Bundeskanzleramts* im Tiergarten weichen musste. Zu einem weithin sichtbaren Wahrzeichen ist die 37 Meter hohe, weiß verkleidete Dachkonstruktion aus Stahlbetonplatten geworden. Auf einem eingeschossigen Sockelbau aufsitzend, bilden zwölf gefaltete Elemente eine Art Krone; durch die verglaste Spitze wird die Arena belichtet. Breite Freitreppen beiderseits der verglasten Eingangsfront führen auf das Dach des Sockels.

ständig bemalt wurde. Auf IBA-Planungen geht die als *Stresemann-Mews* 1989–91 von Jasper Haffmann und Klaus Zillich realisierte, blau verputzte Wohnzeile Stresemannstraße 42–44, Wilhelmstraße 131–133 zurück. Das BVG-Bürogebäude am Tempelhofer Ufer 30 (1997/98 von Joachim Ganz) erinnert an den kriegszerstörten Vorgängerbau, durch den die Hochbahn wie durch ein Tor hindurchfuhr. Die Hochbahn wird nun von zwei haushohen, nachts beleuchteten Pylonen flankiert. Der langgestreckte Backsteinbau im Neorenaissancestil Schöneberger Ufer 1–3 entstand 1892–95 für die Direktion der Reichsbahn. Heute ist er Sitz der DB Immobilien GmbH. Der Mendelssohn-Bar-

**Anhalter Bahnhof**, *Askanischer Platz 6-7*

Der Anhalter Bahnhof war einst der verkehrsreichste Bahnhof Berlins, die Straßen ringsum bildeten ein belebtes Geschäfts- und Hotelviertel. Im Zweiten Weltkrieg beschädigt, wurde die Bahnhofsruine, die in ihrer Substanz vollkommen intakt war, bis 1961 abgerissen. Aus schlechtem Gewissen erhielt man zur Erinnerung wenigstens die kleine Vorhalle der Hauptfront. **Franz Schwechten** entwarf den Bahnhof in der Tradition der Schinkelschule als Backsteinbau mit reichem Terrakottaschmuck. Die 170 Meter lange und 62 Meter breite Bahnhofshalle aus Eisen und Glas wurde von dem Ingenieur und später populären Schriftsteller **Heinrich Seidel** konstruiert.

**Deutschlandhaus, Europahaus**, *Stresemannstraße 90-92*

1924 schrieb man einen Wettbewerb aus, um auf dem südwestlichen Gelände des Prinz-Albrecht-Gartens »eines der schönsten und größten Hotels Europas« zu errichten. Gebaut wurde 1926/27 jedoch nur das Deutschlandhaus (von **Bielenberg & Moser**) an der Ecke zur Anhalter Straße, in dem sich eine zweigeschossige Ladenpassage befand; 1935 wurde es um zwei Stockwerke erweitert. Nach Plänen von **Otto Firle** folgte 1931 das inzwischen zum Bürohaus umgeplante Europahaus, ein elfgeschossiges Hochhaus mit dynamischer horizontaler Bänderung. Seit 1996 ist es zweiter Dienstsitz des Bundesministeriums für wirtschaftliche Zusammenarbeit und Entwicklung.

**Lucaskirche**, *Bernburger Straße 3-5*

Nachdem der Plan **Friedrich August Stülers**, der eine Basilika nach frühchristlichem Muster vorsah, der Kirchengemeinde zu kostspielig war, entwickelte **Gustav Möller** eine vereinfachte Version. So entstand 1859-61 ein kreuzförmiger Saalbau aus Backstein mit nebenstehendem Turm. In eine Häuserzeile eingebunden, betritt man die Kirche durch eine Arkadenhalle. Nach schweren Kriegszerstörungen wurde das Bauensemble 1954 verändert wiederaufgebaut. Hinter der Arkadenhalle erhob sich ursprünglich ein hoher Giebel, die zwei seitlichen Häuser für Pfarrer und Küster waren dreigeschossig und zeigten ebenfalls zur Straße hin schlichte Spitzgiebel.

tholdy-Park erstreckt sich auf dem Areal des 1850 angelegten und 1960 zugeschütteten Schöneberger Hafens. 1933–37 wurde das monumentale ehemalige *Briefverteileramt SW 11* (Möckernstraße 135–138) erbaut. Das klar gegliederte Büro- und Wohnhaus am Askanischen Platz 4, das die Ecke des ehemaligen Bahnhofsvorplatzes zur Schöneberger Straße hin wieder einfasst, entstand 1996/97 nach Plänen von HPP Hentrich-Petschnigg & Partner. Das Viertel zwischen Schöneberger, Köthener und Stresemannstraße wurde zur IBA 1987 durch Wohnbauten mit Sozialwohnungen neugestaltet. Von Josef Paul Kleihues stammt das *Haus an der Brandwand* (Schöneberger Straße 5,

**Wohnhaus** *Stresemannstraße 109/Dessauer Straße*

Das Haus ist ein – durch die Vorgaben des sozialen Wohnungsbaus sehr reduziertes – Beispiel des Dekonstruktivismus, einer in den 70er Jahren entstandenen Architekturrichtung, die u.a. aus der rationalen Geometrie der klassischen Moderne auszubrechen versucht. Der achtgeschossige Baukörper zeigt unterschiedlich schräge Wand- und Fensterflächen, die Fassaden sind aus verschiedenen Materialien gearbeitet. Der Eckbau ist mit einer dreigeschossigen, mintgrün verputzten Gebäudezeile mit Läden, Büros und Wohnungen verbunden. Die iranisch-britische Architektin **Zaha Hadid** erhielt 2004 den Pritzker-Preis, eine Art Nobelpreis für Architektur.

**Martin-Gropius-Bau**, *Stresemannstraße 110*

Der nach seinem Architekten **Martin Gropius** benannte große Ausstellungsbau entstand 1877–81 als Kunstgewerbemuseum. Seine Grundform ist von **Schinkels** Bauakademie abgeleitet: eine fast quadratische Vierflügelanlage um einen glasüberdachten Innenhof, dreistöckig aus Rohziegeln gemauert. Formen des Spätklassizismus verbinden sich mit Motiven der italienischen Renaissance, zu denen das weit vorkragende Dach gehört. Der Bau ist gegliedert in ein granitenes Sockelgeschoss, zwei Hauptgeschosse und ein durch einen Fries abgesetztes Obergeschoss, zwischen dessen Fenstergruppen Mosaik- und Terrakottaplatten die verschiedenen Zweige und Epochen des Kunsthandwerks darstellen.

**Berliner Abgeordnetenhaus**, *Niederkirchnerstraße 5*

Auf dem rückwärtigen Gelände des *Preußischen Herrenhauses*, aber noch vor dessen Neubau, entstand nach Plänen von **Friedrich Schulze-Colditz** 1892–99 der prächtige Neorenaissancebau für die zweite Kammer des preußischen Parlaments, das gewählte Abgeordnetenhaus, das zuvor ein halbes Jahrhundert lang im Palais Hardenberg am Dönhoffplatz getagt hatte. Nach der erzwungenen Auflösung des Landtags 1934 von **Ernst Sagebiel** zum »Haus der Flieger« umgebaut (der Plenar- wurde zum Festsaal), wurde der Bau schließlich nach den Kriegszerstörungen vereinfacht wiederhergestellt und von verschiedenen DDR-Ministerien genutzt. Seit 1993 tagt hier das Berliner Abgeordnetenhaus.

1986–89), von Oswald Matthias Ungers der ungewöhnliche Wohnblock Köthener Straße 35–37/Bernburger Straße 15–17. • An der Niederkirchnerstraße blieb ein letzter Rest der Berliner Mauer erhalten, die ab dem 13. August 1961 zunächst als Stacheldrahtsperre errichtet und bis 1989 immer wieder erneuert und unüberwindlicher gemacht worden war. Sie umgab ganz West-Berlin auf einer Länge von 155 Kilometern. Auf dem Gelände südlich der Niederkirchnerstraße erinnert die Ausstellung »Topographie des Terrors« an die NS-Institutionen, die hier ihren Sitz hatten, darunter die Zentralen von Gestapo und SS. Das minimalistische, aber aufwändig zu bauende

**Wohn- und Geschäftshäuser** *Kochstraße 1-4/Wilhelmstraße*

Nach Plänen des Italieners **Aldo Rossi** entstand 1986-88 der große Baublock, dessen Blickfang die dicke Säule an der Gebäudeecke darstellt. Die Fassaden sind streng geometrisch gegliedert, das Erdgeschoss verbirgt hinter Arkaden Ladengeschäfte. Durch Wandeinschnitte für die Aufzüge und Treppenhäuser, die spitz übergiebelt sind, bzw. Glastrakte an der Wilhelmstraße wird der langgestreckte, flachgedeckte Baublock in sieben Teile gegliedert, deren Größe sich in etwa an der Vorkriegsbebauung orientiert. Ebenfalls 1986-88 entstanden die beiden Wohntürme Wilhelmstraße 110 (von **Salvador Tarrag Cid**) und Wilhelmstraße 119 (von **Pietro Derossi**).

**Bundesministerium der Finanzen**, *Wilhelmstraße 97*

Das ehemalige Reichsluftfahrtministerium, erbaut 1935/36 nach Plänen von **Ernst Sagebiel**, umfasst über 2000 Büroräume. Der vier- bis siebengeschossige Komplex entstand um drei Innen- und vier offene Höfe, die sich nach hinten zu einem älteren Park hin öffnen. Der Haupteingang liegt in einem Ehrenhof an der Wilhelmstraße, er ist gleichzeitig Symmetrieachse. Der Stahlbetonskelettbau ist mit Muschelkalkplatten verkleidet. Nach dem Krieg wurde er als »Haus der Ministerien« genutzt, ab 1989 von der Treuhandanstalt, nach deren ermordetem Vorsitzenden er offiziell Detlev-Rohwedder-Haus heißt. Seit 2000 beherbergt er das Bundesministerium der Finanzen.

**Bürohaus** *Wilhelmstraße 43*

1998-2003 entstand nach Plänen von **Hentrich-Petschnigg & Partner** ein Bürobau, der mit seiner nachts effektvoll beleuchteten Glasfassade an **Mies van der Rohes** berühmten Entwurf für das Geschäftshaus Adam von 1928 (für die Ecke Leipziger/Friedrichstraße) erinnert - der 2001 mit 97 Jahren verstorbene **Hubert Hentrich** war Mies-Schüler. Die beiden hintereinander liegenden Vorhangfassaden zeigen stehende Fensterformate, die gegeneinander versetzt sind. Zur Leipziger Straße ist der Bau um ein Dachgeschoss erhöht, die zweigeschossigen Kolonnaden markieren die historische Bauflucht der Leipziger Straße, die wiedergewonnen werden soll.

Ausstellungshaus von Peter Zumthor kam seit 1995 über den Rohbau nicht hinaus. 2004 fiel die Entscheidung, die Bauruine abzureißen und einen schlichten Neubau zu errichten. Von der Wilhelmstraße gegenüber dem *Finanzministerium* führt der Weg ins Blockinnere zum eindrucksvollen *Abspannwerk Buchhändlerhof* (1926–28 von Hans Heinrich Müller). • Die Wilhelmstraße galt bis 1945 als Synonym für die Reichsregierung. Nach 1732 erbaute sich der Hofadel auf Erlass des Königs längs der Wilhelmstraße neue Palais, die seit dem frühen 19. Jahrhundert nach und nach von Ministerien und Behörden bezogen wurden. 1871 wählte sich Bismarck das Palais Schulenburg am

**Tschechische Botschaft**, *Wilhelmstraße 44*

Der von **Vera Machoninova**, **Vladimir Machonin** und **Klaus Pätzmann** entworfene Bau entstand 1975–78 auf dem südlichen Teil des historischen Wilhelmsplatzes. Auf der westlichen Straßenseite lag die Reichskanzlei, den Platz nutzten die Nationalsozialisten gern für Kundgebungen und Aufmärsche. Der teilweise aufgeständerte Bau besteht aus einer Stahlrahmenkonstruktion, in welche die fünf kubistisch ausbauchenden Geschosse eingehängt sind; der erste Stock dient als Repräsentationsgeschoss. Die Fassade ist geprägt durch den Wechsel der getönten Fensterbänder und der natursteinverkleideten Brüstungen. Das Innere zeigt noch die Originalausstattung.

**Bundesrat/ehem. Preußisches Herrenhaus**, *Leipziger Str. 3–4*

An der Leipziger Straße 4 befand sich 1763–1871 die Porzellanmanufaktur KPM, dann übernahm der neukonstituierte Reichstag das barocke Palais. Auf dem Nachbargrundstück lag das Barockpalais der Familie Mendelssohn, in dem seit 1851 die Erste Kammer des Landtags, das Herrenhaus, tagte. Nach dem Auszug des Reichstags 1894 wurden beide Grundstücke zusammengelegt und 1901–04 mit der heutigen neobarocken Anlage von **Friedrich Schulze-Colditz** bebaut. Seit 1921 tagte hier der Preußische Staatsrat, seit 1934 wurde das Haus von verschiedenen Behörden genutzt. Im Jahre 2000 wurde es, nach dem Umbau durch **Schweger + Partner**, als Sitz des Bundesrats wiedereröffnet.

**Bürohäuser** *Leipziger Platz 9 und 10*

Auf der Grundlage der historischen Parzellenstruktur erhält das traditionelle Oktogon des Leipziger Platzes seit 1995 allmählich wieder eine Umbauung. Der Senat verpflichtete die Bauherren auf eine traditionelle Dreiteilung der mit hellem Naturstein zu verkleidenden Fassaden in Sockelzone, Hauptgeschosse bis zur Traufhöhe von 22 Metern und vier zurückgestufte Attikageschosse. Während **Axel Schultes** dem *Haus Knothe* (Leipziger Platz 10) eine einheitliche Fassade mit liegenden Fenstern zwischen zum Teil schrägen Laibungen gab, gestaltete **Christoph Langhof** die drei Zonen des Nachbarhauses Leipziger Platz 9 ganz unterschiedlich.

Wilhelmplatz zum Kanzleramt. Das Bild der Straße hat sich seit 1945 völlig gewandelt. Der Leipziger Platz wurde um 1734 als Achteck innerhalb der Akzisemauer angelegt. Die Platzbebauung wurde im Zweiten Weltkrieg schwer beschädigt und nach der Teilung der Stadt komplett abgeräumt, darunter auch das berühmte Kaufhaus Wertheim an der nördlichen Ecke zur Leipziger Straße, erbaut von Alfred Messel in drei Abschnitten 1896–1906. Die *Kanadische Botschaft* entstand 2002–04 nach Plänen mehrerer kanadischer Architektenbüros (Leipziger Platz 17), das *Mossepalais* (1995–97 von Hans D. Strauch) erinnert an den Verleger Rudolf Mosse, der hier wohnte.

Tour 12

# Kreuzberg und Friedrichshain

**Neues Kreuzberger Zentrum**, *Kottbusser Tor*

Die Hochhausbebauung am Kottbusser Tor steht als Symbol für die aus heutiger Sicht verfehlte Flächensanierung der 1960er und 1970er Jahre. Gerade im östlichen Kreuzberg, das von Kriegsschäden weitgehend verschont geblieben war, riss man ganze Straßenblöcke ab, um sie durch maßstabsprengende Neubauten ohne Bezug zur historisch gewachsenen Stadt zu ersetzen. Das »Neue Kreuzberger Zentrum« entstand 1969–74 (von **Wolfgang Jokisch** und **Johannes Uhl**) und umfasst rund 370 Wohnungen, Läden, Büros und öffentliche Einrichtungen. Von 1955/56 stammt die Wohnhausgruppe Kottbusser Straße 2 mit ihren streng gerasterten Fassaden (von **Wassili und Hans Luckhardt**).

**Michaelskirche**, *Michaelkirchplatz*

Das 1851–56 errichtete Hauptwerk **August Sollers**, Schinkels Nachfolger als Leiter des Kirchenbauressorts in der obersten preußischen Baubehörde, bildete den städtebaulichen Mittelpunkt der Luisenstadt. Der turmlose, von einer schlanken Tambourkuppel bekrönte Backsteinbau liegt in der nördlichen Blickachse des Luisenstädtischen Kanals direkt über dem Engelbecken. Die dreischiffige, kreuzförmige Hallenkirche brannte im Zweiten Weltkrieg aus. Chor und Querhaus bilden die heutige schlichte Kirche, im alten Langhaus wurde das Gemeindehaus eingebaut. Erhalten blieb das prächtige Eingangsportal mit einer Michaelsfigur von **August Kiss**.

Südöstlich von Berlin/Kölln entwickelte sich seit dem 17. Jahrhundert die kleine Köpenicker Vorstadt, seit 1802 Luisenstadt genannt. Durch die Akzisemauer (1732–34), die vom Halleschen Tor über das Wassertor, das Cottbusser, das Köpenicker und das Schlesische Tor bis zum Oberbaum verlief, wurden auch weite landwirtschaftlich genutzte Flächen ins Stadtgebiet einbezogen. Der östliche Teil der Luisenstadt wurde erst ab der Mitte des 19. Jahrhunderts dicht bebaut. Die Grenze zwischen Mitte und Kreuzberg, die 1945–89 auch die Grenze zwischen Ost- und West-Berlin bildete, verläuft mitten durch die historische Luisenstadt. • Das Kottbusser Tor ist der zentrale Platz des

**Haus des deutschen Verkehrsbundes**, *Engeldamm 70*

Für die Gewerkschaft der Transportarbeiter erbaute **Max Taut** 1929/30 den sechsgeschossigen Stahlskelettbau, dessen Fassade aus der Konstruktion entwickelt ist. Der dreiachsige Erker betont den Haupteingang in der Fassadenmitte; die abgerundete Ecke und die Bänderung der Fensterbrüstungen, die von den tragenden Stützen geschnitten werden, verleihen dem Bau Dynamik und Modernität. Die ursprünglich dunkle Wandverkleidung wurde beim Wiederaufbau 1949-51 durch helle Muschelkalkplatten ersetzt. Die 1899/1900 von **Reimer & Körte** errichtete *Rote Burg* Engeldamm 62-64 gehört zu den ersten für eine Gewerkschaft entstandenen Bauten in Deutschland.

**Ehem. Krankenhaus Bethanien**, *Mariannenplatz 1-3*

Die westliche Längsseite des nach Plänen von **Peter Joseph Lenné** 1853 angelegten Mariannenplatzes nimmt der schlichte Backsteinbau des ehemaligen Diakonissenkrankenhauses ein, das bis 1970 in dieser Funktion diente und heute vom Bezirk als Kulturhaus genutzt wird. Der Eingang ist durch einen Mittelrisaliten betont, der von zwei schlanken Türmen mit einer offenen Glocke zwischen ihnen eingefasst wird. Die Dreiflügelanlage um einen hinteren Hof entstand 1845-47 nach Plänen von **Theodor Stein**, die Turmfront ist eine Zutat von **August Stüler**. Im Innern blieben die schöne Eingangshalle und, in ihrer Verlängerung zum Garten hin, die basilikale Kapelle erhalten.

**Thomaskirche**, *Mariannenplatz*

Der 1864-69 von **Friedrich Adler** errichtete Backsteinbau mit der schlanken Doppelturmfront und dem runden Vierungsturm steht in der Tradition der Schinkelschule, greift aber in einigen Schmuckformen und vor allem im Grundriss neue Anregungen auf. Nach dem Vorbild romanischer Kirchen im Rheinland schließt sich an das kurze Langhaus ein aufwändiger Ostteil an. Um die weite Vierung legen sich die beiden halbrunden Querarme und die Apsis. Eine bedeutende Neuerung im Innern bedeutete die Tatsache, dass die Emporen von gusseisernen Stützen getragen werden. Das Innere wurde nach dem Krieg verändert wiederaufgebaut.

östlichen Kreuzberg, nach dem alten Postbezirk SO 36 genannt, das zu Mauerzeiten als lebendigster Stadtteil West-Berlins galt. Seit dem Ende der 70er Jahre, herausgefordert auch durch zahlreiche Hausbesetzungen, wurden viele Altbaublöcke saniert und entkernt. Viele Mietshäuser zeigen noch zurückhaltend spätklassizistische Fassaden, typisch sind die durch angedeutete Turmbauten betonten Straßenecken. Hinter vielen Vorderhäusern mit Mietswohnungen verbergen sich Gewerbehöfe. Am Oranienplatz 4 verliehen Max Taut und Franz Hoffmann dem L-förmig angelegten *Kaufhaus der Konsumgenossenschaft* 1930–33 eine strenge Rasterfassade. 1848–52 entstand nach

**ver.di**, *Köpenicker Straße/An der Schillingbrücke*

Die Vereinte Dienstleistungsgewerkschaft ver.di bezog als ihre Bundeszentrale einen großen backsteinverkleideten Bau (2002-04 von **Thomas Weber**), der sich in einem gläsernen Atrium zur Spree hin öffnet. Er wird belebt durch die Kombination verschiedener Fassadenteile: Mal sind Fensterbänder in die glatte Backsteinwand eingelassen, mal ist die Wand ganz durchfenstert und mit durchlaufenden Balkonen versehen. Andere Abschnitte zeigen eine Pfeilerfassade. Die andere Spreeseite wird dominiert vom leuchtendrot gestrichenen, zum Ufer steil aufragenden Baukomplex *Schillingbrückenkopf* (1997-2001 von **Nalbach + Nalbach**).

**Energieforum**, *Stralauer Platz 34*

Im Umfeld des *Ostbahnhofs* sind in den letzten Jahren einige neue Bürokomplexe entstanden, weitere sollen folgen. Auf dem Gelände des ehemaligen Zentrallagers der städtischen Gaswerke entstand das Energieforum. Hinter den backsteinernen Altbau (1906-08 von **Reimer & Körte**) setzten die Hamburger Architekten **Bothe, Richter, Teherani** 2000-2002 einen metallisch-grünen, eng durchfensterten Neubau, der zur Spree hin abgeschrägt ist und sich in einer Glasfassade öffnet. Vom neu gefassten Haupteingang führt ein tunnelartiger Durchgang durch den Altbau in ein gläsernes Atrium, das den Neubau auf ganzer Länge durchmisst.

**Oberbaum-City**, *Warschauer Platz/Rother-/Ehrenberg-/Rudolfstr.*

Südlich des Bahngeländes entstanden 1906-14 (von **Wilhelm Walther**, **Theodor Kampffmeyer** und **Hermann Dernburg**) die mehrere Straßenblöcke umfassenden Fabrikgebäude der Deutschen Glühlicht AG, seit 1919 Osram, seit 1969 Narva. 1992 wurde die Produktion eingestellt, die Backsteinbauten wurden zu einem Büro- und Gewerbezentrum umgestaltet. Dem Turm – das alte Wahrzeichen der Fabrik – wurde ein fünfgeschossiger Glaswürfel aufgesetzt, der über dem Turmschaft zu schweben scheint (1993-2001 **Schweger & Partner**). Der *Höheren Webeschule*, Warschauer Platz 6-8, gab **Ludwig Hoffmann** eine »gewebeartige«, vertikal gegliederte Backsteinfassade.

Plänen von Peter Joseph Lenné der schiffbare Luisenstädtische Kanal, der vom Landwehrkanal im Süden zum Engelbecken führte, um dann in einem Bogen nach Osten zur Spree auszuschwingen. Seinem Verlauf folgte bis 1989 die Mauer bis zur Spree. Das einst dichtbesiedelte Gebiet nördlich des Kanals wurde im Zweiten Weltkrieg fast völlig zerstört und später gesichtslos wiederaufgebaut. • Von der *Schillingbrücke* (von 1873/1912) aus sieht man linker Hand am rechten Spreeufer den markanten Bürokomplex *Trias* (1993–96 von Beringer & Wawrik). Der *Ostbahnhof* hieß ursprünglich Frankfurter Bahnhof, dann Schlesischer Bahnhof, schließlich Hauptbahnhof (Ost-Ber-

**Universal Music/ehem. Eierkühlhaus**, *Stralauer Allee 1*

Die Ufer der Spree sind zwischen Jannowitz- und Elsenbrücke seit dem 19. Jahrhundert durch Industriebauten und Hafenanlagen geprägt. Viele der alten Bauten wurden in den letzten Jahren zu Bürohäusern umgestaltet. Beim ehemaligen Eierkühlhaus (1928/29 von **Oskar Pusch**) wurde die ursprüngliche Klinkerfassade mit Rautenmustern rekonstruiert, die Längsseiten wurden zu Glasflächen aufgebrochen. Hier sitzt heute die Deutschlandzentrale des Musikkonzerns Universal. Der Musiksender MTV bezog einen der 1907-13 entstandenen Speicher des alten Osthafens (Stralauer Allee 1-16), funktionale Backsteinbauten mit neoklassizistischen Gliederungselementen.

**Oberbaumbrücke**

Seit 1724 gab es hier eine hölzerne Brücke, deren Durchfahrt nachts mit einem Baumstamm blockiert wurde. Seit dem Bau der Akzisemauer 1734 verlief hier die Grenze Berlins, und mit ihrer wehrhaften Architektur, den Zinnen auf den Türmen, den spitzen Helmen, den Wappen und den Kreuzgewölben der Arkaden erinnert die 150 Meter lange Backsteinbrücke von **Otto Stahn** tatsächlich an ein gotisches Stadttor. Eingeweiht anlässlich der Berliner Gewerbeausstellung im Treptower Park 1896, wurde über dem Straßenniveau bereits eine zweite Ebene für die erst sechs Jahre später in Betrieb genommene erste Berliner U-Bahnlinie angelegt.

**Hochbahnhof Schlesisches Tor**, *Skalitzer Straße*

Der 1899-1901 nach Plänen von **Hans Grisebach** und **Georg Dinklage** entstandene Bau gilt als einer der schönsten U-Bahnhöfe Berlins und ist der Exot unter den Hochbahnhöfen. Als einziger ist er nämlich nicht aus Stahl konstruiert, sondern massiv aufgemauert. Mit seiner verwinkelten Anlage auf unregelmäßigem Grundriss, mit den Arkaden, dem Treppenturm, den Vor- und Anbauten sowie dem Wechsel zwischen Ziegel und Werkstein bietet der historistische Bau, der Formen der deutschen Renaissance und der Gotik vereint, einen malerischen Anblick. Im Erdgeschoss waren Läden, ein Café und ein Restaurant untergebracht. Das Innere ist nicht mehr original erhalten.

lins). Das städtebaulich desolate Areal zwischen Spree und Bahn, Schilling- und *Oberbaumbrücke* soll in den kommenden Jahren mit verschiedenen Büro- und Dienstleistungszentren wiederbelebt werden. In Planung ist auch eine riesige Veranstaltungshalle des US-Bierkonzerns Anschutz im Zwickel Mühlen-/Warschauerstraße. Die East-Side-Gallery ist ein 1990 von 118 Künstlern aus aller Welt bemalter Mauerabschnitt, der sich längs der Mühlenstraße über 1,3 Kilometer bis fast zur Oberbaumbrücke erstreckt. Der Betonwall war zu Mauerzeiten allerdings unbemalt, weil dies die rückwärtige, d.h. nach Ost-Berlin gerichtete Mauer war.

## Tour 13

# In den Außenbezirken

**AEG-Turbinenhalle**, *Huttenstraße 12–19*

**Peter Behrens** war seit 1907 als künstlerischer Berater der AEG für das Design sämtlicher Produkte verantwortlich. Nach seinen Plänen entstand 1908/09 dieser bahnbrechende Industriebau, der erstmals die nackte Konstruktion an einer öffentlichen Fassade zeigte. Die Stahlbinder liegen mit ihren Gelenken unverkleidet vor der Glasfassade, die sich leicht nach innen neigt, den inneren Stützen folgend. Die Stirnwand gestaltete Behrens als »Werbemedium«: Die massiven, konstruktiv unnötigen Eckpylone geben der Front eine Schwere, die Vertrauen vermitteln sollte. 1939 wurde die Halle in schwächerer Architektur fast um das Doppelte verlängert.

**Flughafen Tegel**, *Kurt-Schumacher-Damm*

1969–75 entstand als Ersatz für den innerstädtischen *Flughafen Tempelhof* in Tegel der erste deutsche »Drive-in-Flughafen«, dessen Anlage mehrfach nachgeahmt wurde. Grundidee ist die direkte Vorfahrt per Auto oder Bus zu den einzelnen Flugsteigen. Diese sind außen an einem Sechseck angelagert, das über eine Ringstraße im Innern – mit Parkplätzen im Zentrum – erschlossen wird. Der Tower steht separiert, an seiner Ostseite sollte ursprünglich ein weiteres Sechseck die Gesamtkapazität verdoppeln. Zeittypisch ist die Verkleidung mit silbernen Aluminiumplatten. Die Entwürfe stammten von **Meinhard von Gerkan, Volkwin Marg** und **Klaus Nickels**.

In keinem anderen Berliner Bezirk entstanden im 20. Jahrhundert so viele Siedlungen des sozialen Wohnungsbaus wie in Reinickendorf, darunter die »Freie Scholle« (Waidmannsluster Damm/Schollenhof, 1899–1910 von Gustav Lilienthal u.a., 1924–31 erweitert von Bruno Taut), die expressionistische Siedlung Paddenpuhl (Klemkestraße, 1917–29 von Fritz Beyer u.a.), das Märkische Viertel (Wilhelmsruher Damm, 1963–74) und die Erweiterung der Siedlung Tegel-Süd (Bernauer Straße 96–136/Bottroper Weg 13–29, 1993–97). Schön sind besonders die alten Dorfanlagen von Lübars und Heiligensee. Einen Besuch lohnen weiterhin u.a. das Zentrum der Gartenstadt Frohnau

**Wohnanlage Tegeler Hafen**, *Am Tegeler Hafen*

Im Rahmen der IBA wurde 1985-88 der ehemalige Tegeler Industriehafen zu einem durchgrünten Wohngebiet umgestaltet. Die Gesamtplanung, die auch ein Kulturzentrum auf der künstlichen Insel vorsah, stammte von **Moore, Ruble und Yudell**. Die Kalifornier entwarfen auch die Bibliothek, die sich erst bei genauerem Hinsehen als Neubau - und nicht als umgebaute alte Fabrikhalle - erweist, und den zentralen, halbkreisförmig angelegten »Wohnhof«. Die sieben »Stadtvillen« und drei »Wohnschlangen« von verschiedenen Architekten verbindet der postmoderne spielerische Umgang mit den geometrischen Grundformen und die Freude am ornamentalen Detail.

**Borsigturm**, *Am Borsigturm 11*

Erst 1922-24 erhielt Berlin sein erstes Hochhaus - auf dem Firmengelände der Borsigwerke, die ab 1894 nach Tegel umgesiedelt waren. **Eugen Schmohl** entwarf den 65 Meter hohen Backsteinturm für die Werksverwaltung. Er steht auf einer Grundfläche von 16 mal 20 Metern. Die Geschossflächen im Innern sind durch die Konstruktion als Stahlskelettbau frei unterteilbar. Durch kräftige Gesimse ist der Turm in drei Abschnitte zu je drei Stockwerken gegliedert, die wiederum durch die Lisenen vertikal betont sind. Im expressionistisch gezackten, hochstrebenden Dachaufbau ist der Festsaal untergebracht.

**Weiße Stadt**, *Aroser Allee*

Zu den wichtigsten Siedlungen der klassischen Moderne gehört die Großsiedlung Schillerpromenade, die 1929-31 unmittelbar südlich des alten Dorfkerns von Reinickendorf angelegt wurde und wegen ihrer weiß gestrichen Putzfassaden »Weiße Stadt« genannt wird. Nach Plänen von **Otto Rudolf Salvisberg**, **Wilhelm Büning** und **Bruno Ahrends** entstanden über 1200 Wohnungen mit 1,5 bis 3,5 Zimmern. Die drei- bis fünfgeschossigen Bauten sind teils in Zeilen zur Sonne hin ausgerichtet, teils als Blockrandbebauung angelegt. Wahrzeichen ist das Brückenhaus über der breiten Aroser Allee von Salvisberg. Die Siedlung wurde über ein eigenes Heizwerk versorgt.

(Zeltinger und Ludolfinger Platz, 1908–10 von Lesser & Hart), das *Schloss Tegel*, das sein burgartiges Aussehen Schinkel verdankt (1824–30, Adelheidallee 17–21), die *Villa Borsigwerder* (Reiherwerder, 1911–13 von Salinger & Schmohl), die *Fabrik Lindner* (Lübarser Straße 8–38, 1932–40 von Martin Punitzer) und die *Max-Eyth-Oberschule* im Stil der Neuen Sachlichkeit (Alt-Wittenau 8–12, 1928–31 von Jean Krämer), die im Pavillonsystem angelegte *Kolumbus-Grundschule* (Büchsenweg 23a, 1967–70 von Sergius Ruegenberg), die *Phosphat-Eliminierungsanlage* (Waidmannsluster Damm/Buddestraße, 1982–85 von Gustav Peichl) und das Gewerbegebiet am Borsigturm (1994–99

**Olympiastadion**, *Olympischer Platz*

Für die Olympischen Spiele 1916 entstand 1912/13 nach Plänen von **Otto March** das größte Sportstadion der Welt (für 40 000 Zuschauer), eine moderne Eisenbetonkonstruktion mit bombastischer historistischer Ausstattung. 1931 erhielt Berlin erneut den Olympiazuschlag. Das »Deutsche Stadion« wurde abgerissen, und nach Plänen von Marchs Sohn **Werner** entstand 1934-1936 das »Reichssportfeld«, eine symmetrische, mit zahlreichen Skulpturen geschmückte Anlage mit dem Olympischen Platz, dem Olympiastadion für 110 000 Zuschauer, dem Maifeld, dem 78 Meter hohen *Olympischen Turm* und der heutigen *Waldbühne* für 25 000 Zuschauer. Weitere Sportstätten kamen hinzu.

**Corbusierhaus**, *Flatowallee 16*

1947-52 erbaute der Schweizer **Le Corbusier** in Marseille die erste »Unité d'Habitation«, der vier weitere folgten, die dritte 1956-58 in Berlin zur »Interbau«. Die Dimensionen der »Wohnmaschine« sprengten allerdings den Rahmen des Hansaviertels. Der 17-geschossige, auf sieben Meter hohe Pfeiler gestellte Stahlbetonskelettbau enthält 212 Kleinstwohnungen, 253 Wohnungen mit übereinanderliegenden Wohn- und Schlafräumen sowie 88 Maisonette-Dreizimmerwohnungen. Neun »Straßen« (d.h. Flure) im Kern des Gebäudes erschließen alle Wohnungen. Die »städtische Infrastruktur« mit Geschäften, Kindergarten, Sporthalle oder Theater wurde nicht verwirklicht.

**Nikolaikirche (Spandau)**, *Reformationsplatz*

Wissenschaftlichen Untersuchungen am Dachstuhl zufolge wurde die Kirche sehr wahrscheinlich in den 1360er Jahren erbaut - als eine der ersten Hallenkirchen mit Chorumgang. Ähnlich wie in der Berliner *Nikolaikirche* sind Binnenchor und Außenwand nicht wie in der Hochgotik konzentrisch aufgebaut. Der Übergang von den Chorpfeilern zum Gewölbe legt die Vermutung nahe, dass ursprünglich ein anderes Gewölbe geplant war. Chor und Langhaus sind einheitlich gestaltet, der kurze Chor ist in seiner Raumwirkung geschickt durch zwei symmetrische Nebenkapellen erweitert. Der Westturm, erbaut 1467/68, erhielt 1740-44 seinen barocken Aufsatz.

von Axel Schultes, Claude Vasconi u.a.). • Spandau ist neben Berlin/Kölln und Köpenick die dritte mittelalterliche Stadt (Stadtrechte 1232) des heutigen Stadtgebiets. Hier hat sich noch kleinstädtisches Flair erhalten. Frisch saniert ist die klassizistische *Marienkirche* am Behnitz 9 (1847/48 von Julius Manger). 1914–17 entstand die konservativ-idyllisch gestaltete Gartenstadt Staaken mit knapp 360 Ein- und Mehrfamilienhäusern (von Paul Schmitthenner, Heidebergplan), 1926/27 die expressionistische Siedlung Zeppelinstraße (Ecke Falkenseer Chaussee, von Richard Ermisch). In der Siedlung Charlottenburg-Nord verwirklichte Hans Scharoun 1956–65 sein Konzept so

**Zitadelle Spandau**, *Am Juliusturm*

Die Zitadelle ist eine der besterhaltenen Renaissancefestungen Europas. Um die Mitte des 12. Jahrhunderts errichteten die Askanier auf einer Insel eine Burg, als deren Bergfried, d.h. letzter Zufluchtsort, der *Juliusturm* (wohl Anfang 13. Jahrhundert) diente. Er ist der älteste Profanbau Berlins, sein Zinnenkranz ist eine Zutat **Schinkels**. Der Palas, das Wohngebäude, entstand im 15. Jahrhundert. 1560-94 wurde die Burg nach damals modernsten Gesichtspunkten und nach Plänen von **Francesco Chiaramella de Gandino** ausgebaut. Kernfigur ist ein Quadrat, an dessen Ecken vier spitzwinklige Bastionen angesetzt sind. Ein Wassergraben umgibt die Backsteinmauern.

**Schaltwerk Siemensstadt**, *Nonnendammallee 104-110*

Auf Spandauer Gebiet entstand ab 1899 Berlins einziger Industriestadtteil mit Werksanlagen, Wohnvierteln und Versorgungseinrichtungen. Sein Bild prägte vor allem **Hans Hertlein**, 1915-51 Direktor der Siemens-Bauabteilung. 1917-22 baute er das *Wernerwerk* mit dem 70 Meter hohen Turm, 1926-28 das bahnbrechende Schaltwerkhochhaus, das erste Fabrikhochhaus Europas. Es bietet auf zehn Stockwerken 175 Meter lange und 16 Meter breite stützenfreie, also flexibel einzuteilende Säle. Die Aufzüge, Treppenhäuser und Sanitäranlagen sind in vorgestellte Türme ausgelagert. Die tragenden Stützen bilden auf den Längsseiten monumentale Pfeilerfassaden ohne jeglichen Dekor.

**Ringsiedlung: Bauteil Scharoun**, *Jungfernheideweg 1-19*

**Hans Scharoun** entwarf den Bebauungsplan der Großsiedlung Siemensstadt, die Einzelbauten stammen von Mitgliedern der Architektenvereinigung "Der Ring": **Otto Bartning, Fred Forbat, Walter Gropius, Hugo Häring** und **Paul Rudolf Henning.** 1929-32 entstanden in Zeilenbauweise 1380 Kleinwohnungen für Siemens-Mitarbeiter. Den Weg in die Siedlung weisen zwei trichterförmig angelegte Gebäudekomplexe von Scharoun - er wohnte hier selbst viele Jahre. Von Bartning stammt der »Lange Jammer« mit 25 gleichförmigen Häusern. Aufschlussreich ist ein Vergleich mit der etwa gleichzeitig entstandenen Siedlung »Heimat« (westlich ab dem Torhaus, von **Hans Hertlein**).

genannter »Wohngehöfte« mit jeweils 310 Wohneinheiten (Heilmannring 59–78). • Seit 1994 entsteht beiderseits der Havel als größte der »Neuen Vorstädte« die Wasserstadt Oberhavel unter Beteiligung namhafter Architekten und verteilt auf mehrere »Quartiere«. Die beiden Brücken stammen von Walter A. Noebel (südlich) und Dörr/Ludolf/Wimmer. Ganz im Westen Charlottenburgs locken interessante Wohnhäuser der klassischen Moderne: Von Erich Mendelsohn stammen das *Haus Sternefeld* (Heerstraße 107, 1923/24) und sein eigenes Wohnhaus Am Rupenhorn 6 (1929), von Hans und Wassili Luckhardt und Alfons Anker die Häuser Am Rupenhorn 24 und 25

**Kreuzkirche**, *Hohenzollerndamm 130*

Die 1927-29 von **Ernst und Günther Paulus** erbaute Kirche ist ein Musterbeispiel des Expressionismus. Von der Brauthalle im Erdgeschoss des querrechteckigen Turms führt ein schmaler Gang in den überkuppelten, bunt ausgemalten Kirchenraum, der von Lanzettfenstern beleuchtet wird. Sein Grundriss ist ein gestauchtes Achteck, der Altarraum ist durch einen parabelförmigen Triumphbogen abgesondert. Die drei spitzen Turmhelme auf dem massiven Westturm, das Pagodenportal aus blauen Fliesen und die expressionistische Klinkerornamentik geben der Kirche ein exotisches Gepräge. Das angrenzende *Pfarrhaus* ist vergleichsweise traditionell gehalten.

**Jagdschloss Grunewald**, *Hüttenweg 100*

Das Jagdschloss »Zum grünen Wald«, das dem einstigen Spandauer Forst den Namen gab, gehörte zu einer Reihe von Jagdhäusern, die Kurfürst Joachim II. rings um die Residenz errichten ließ. Es lag ursprünglich – von einem Wassergraben umgeben – direkt am Grunewaldsee, dessen Wasserspiegel beträchtlich gesunken ist. Architekt war vermutlich **Caspar Theiß**, der Baumeister des Stadtschlosses. Die heutige Außenansicht ist wesentlich von der barocken Umgestaltung der Gesamtanlage unter **Arnold Nering** und **Martin Grünberg** 1669-1709 bestimmt. Renaissanceformen haben sich noch am Portalvorbau und im halb aus dem Baukörper vortretenden Treppenturm erhalten.

**Henry-Ford-Bau**, *Boltzmannstraße 6-8*

1952-55 entstanden um den Campus der 1948 gegründeten *Freien Universität* zwei zentrale Bauten: die an Le Corbusier erinnernde Mensa (Van't-Hoff-Straße 6, von **Fehling/Gogel/ Pfannkuch**) und der repräsentative, mit seiner engen Pfeilerfassade und dem schwer vorkragenden Dach monumental wirkende Henry-Ford-Bau, der das Audimax beherbergt (von **Franz Heinrich Sobotka** und **Gustav Müller**). Ihm angegliedert ist die Bibliothek. Der chaotisch wirkende Komplex der geisteswissenschaftlichen Institute (1967-79 als »Silberlaube« und »Rostlaube«, Habelschwerdter Allee 45) erhielt durch **Norman Fosters** *Philologische Bibliothek* 2002-05 ein neues Zentrum.

(1929/30), von Ernst Rentsch das heutige *Kolbe-Museum* (Sensburger Allee 25–26, 1928/29). • Das *Jagdschloss Glienicke* (Königstraße), im Kern von 1693, wurde im 19. Jahrhundert neobarock umgestaltet. Seine heute Gestalt erhielt es 1963/64 von Max Taut. Die *Dorfkirche Stolpe* ist ein ansehnlicher Backsteinbau von August Stüler (1858/59, Wilhelmplatz 2), die *Michaelskirche* in Wannsee war der erste expressionistische Kirchenbau Berlins (1926/27 von Wilhelm Fahlbusch, Königstraße 43). • Südlich und westlich Berlins entstanden seit den 1860er Jahren einige Villenkolonien, und bis heute gilt der Berliner Südwesten als beste Wohngegend außerhalb der Innen-

**Schloss Pfaueninsel**

Friedrich Wilhelm II. und sein Nachfolger Friedrich Wilhelm III. ließen die Insel ab 1794 zum Park umgestalten, wobei das ganze Areal mit kleineren Bauten und Kulissen überzogen wurde, darunter das *Kavaliershaus* und das *Schweizerhaus* von **Schinkel**. Das Schloss ist ein bemalter Holzbau des Hofzimmermeisters **Johann Gottlieb Brendel** (1794–97), dessen kulissenhafte, ruinengleiche Fassade auf die Fernwirkung zum *Marmorpalais* in Potsdam berechnet ist. Die Brücke zwischen den Türmen war ursprünglich aus Holz, wurde aber 1807 durch die jetzige Gusseisenbrücke, die erste dieser Art in Berlin, ersetzt. Das Interieur ist fast vollständig erhalten.

**Schloss Klein-Glienicke**, *Königstraße 36*

Der ehemalige Gutshof des Jagdschlosses Glienicke wurde 1825–28 von **Karl Friedrich Schinkel** für den Prinzen Karl zu einer prächtigen Sommerresidenz ausgebaut. Die unregelmäßige Dreiflügelanlage ist unaufdringlich und mit sparsamen, streng klassizistischen Formen der ländlichen, von **Peter Joseph Lenné** durchgestalteten Umgebung eingepasst. Von **Persius** stammt die Orangerie, für die romanischen Kunstschätze des Prinzen baute **Ferdinand von Arnim** um 1850 den Klosterhof. Über dem Havelufer erhebt sich das Kasino von Schinkel, ein strenger zweigeschossiger Putzbau mit ausladenden Pergolen, einst im Obergeschoss als Gästehaus genutzt.

**St. Peter und Paul**, *Nikolskoer Weg*

Hoch über dem Havelufer ließ Friedrich Wilhelm III. 1833–37 eine Kirche im »Stil der russischen Kirchen, jedoch nur mit einem Turm« erbauen – seiner Tochter, der Zarin Alexandra, zuliebe. **August Stüler** und **Albert Dietrich Schadow** entwarfen einen schlichten backsteinernen Saalbau, dessen Inneres original erhalten ist. Zum Wasser präsentiert sich die Schaufront mit Vorhalle, hoch sitzender Fensterrose (zugleich Uhr) und Turmriegel mit Zwiebelhaube. Bereits 1819 hatte der König seinem Schwiegersohn Nikolaus ein Blockhaus im russischen Stil (*Nikolskoe*) ganz in der Nähe geschenkt. Nach einem Brand 1984 wurde es originalgetreu wiederaufgebaut.

stadt. Zu den herausragenden Bauten gehören in Grunewald das phantasievoll-eklektische *Haus Meyer* (1897/98 von Arnold Hartmann, Seebergsteig 23), die stattlichen Neorenaissancebauten *Haus Noelle* (1901 von Solfs & Wichards, Winkler Straße 10) und *Haus Andreae* (1913/14 von Breslauer & Salinger, Kronberger Straße 7–9) sowie die schlossartige *Villa Konschewski* (1922/23 von Oskar Kaufmann, Gottfried-von-Cramm-Weg 33–37). Ganz der Neuen Sachlichkeit verpflichtet ist das *Haus Flechtheim* (1928/29 von Otto Rudolf Salvisberg, Douglasstraße 12); an Schinkels *Schloss Tegel* erinnert das *Haus Gerl* von Hans Kollhoff (2000, Im Schwarzen Grund 20–22). In

**Löwenpalais**, *Königsallee 30–32*

**Bernhard Sehring**, bekannt geworden als Architekt und Bauherr des *Theaters des Westens*, errichtete diese repräsentative Villa 1903/04 für eine Brauereibesitzerin. Der ausschwingende dreiachsige Mittelteil, der von einer kupfernen Haube bekrönt wird, die beiden übergiebelten Seitenrisalite, die mit Statuen besetzte Attika und die kleinteilige Dekoration in Neobarockformen erinnern eher an ein Schlösschen auf dem Lande als an eine Villa oder gar ein einfaches Landhaus. Die Repräsentationsräume lagen ursprünglich zur Straße hin, der Garten reichte bis zur Schwedlerstraße. Heute wird das Haus von einer Kunststiftung für Ausstellungen genutzt.

**Haus Harteneck**, *Douglasstraße 7–9*

Die 1910–12 von **Adolf Wollenberg** für einen Chemiefabrikanten erbaute zweigeschossige Villa ist die imposanteste neoklassizistische Anlage in Grunewald. Die Hauptansicht ist seitlich zum ausgedehnten Garten gerichtet. Zwischen den zweiachsigen Seitenrisaliten spannt sich eine doppelte Galerie, darüber verdeckt eine Attika den Ansatz des flachen Walmdachs. Die untere ionische Säulenstellung kontrastiert auffällig mit der oberen Pfeilergalerie, ebenso wie die schmucklosen Wandflächen in Spannung zu den skulptierten Giebelfeldern stehen. Zur anderen Seite ist dem Haupthaus ein Wirtschaftsflügel um einen Innenhof herum vorgesetzt.

**Haus Wiegand**, *Peter-Lenné-Straße 28–30*

Die strenge, neoklassizistische Villa entstand 1911/12 nach Plänen von **Peter Behrens** als Wohnhaus für den Direktor der Archäologischen Sammlung. Der mit Muschelkalkplatten verkleidete zweigeschossige Bau verzichtet ganz auf Schmuck und wirkt dadurch umso monumentaler. Von der offenen Vorhalle mit dorischen Säulen läuft durch den Vorraum und das Empfangszimmer bis in den Garten eine zentrale Achse, um die sich zwei symmetrische Flügel ordnen. Der linke Trakt ist um einen Wirtschaftstrakt erweitert, sodass die symmetrische Grundanlage von außen nicht erkennbar ist. Die Rückfront wird von einer Pergola gegen die Straße abgeschirmt.

der Tradition englischer Landhausarchitektur des späten 19. Jahrhunderts steht das *Haus Springer* (1901–03 von Alfred Messel, Am Großen Wannsee 39), malerisch ist die ausgedehnte Backsteinanlage *Mittelhof* von Hermann Muthesius (1914–18, Kirchweg 33). • Das Neue Bauen wird dokumentiert durch die *Häuser Otte* (1921/22, Wolzogenstraße 17) und *Lewin* (1929/30, Waldsängerpfad 3) von Walter Gropius, das strikt funktionalistische *Haus Blumenthal* des berühmten Theoretikers Ludwig Hilberseimer (1932, Wilskistraße 66), die in vier Etappen entstandenen Reihenhäuser der Versuchssiedlung Schorlemerallee 7–23a, 12–14 von Hans und Wassili Luckhardt und

**Haus Perls**, *Hermannstraße 14*

1910/11 erbaute Ludwig Mies (der sich später **Mies van der Rohe** nannte) für den Rechtsanwalt und Schinkelliebhaber Hugo Perls ein streng klassizistisches Landhaus, das stark an Schinkels Neuem Pavillon am *Schloss Charlottenburg* orientiert ist. Es ist ein zweigeschossiger schmuckloser Putzbau, über dessen auffälligem Gesims sich ein flach geneigtes Walmdach erhebt. Zum Garten hin öffnet sich der Bau in einer tiefen, dreigeteilten Loggia. 1928 baute Mies einen Galerietrakt mit Flachdach an. Am Quermatenweg 4 steht Mies' konventionellster Bau, das an barocke Landhäuser erinnernde *Haus Werner* mit einer eindrucksvollen Gartenfront.

**Siedlung Onkel Toms Hütte**, *u.a. Argentinische Allee 157–219*

Die nach einem Ausflugslokal benannte Siedlung wurde 1926–32 unter der Gesamtleitung von **Bruno Taut** in den Wald hineingebaut. Um den U-Bahnhof herum (Ladenstraßen von **Otto Rudolf Salvisberg**) entstanden über 800 Einfamilienhäuser (von Salvisberg, Taut und **Hugo Häring**) und mehrstöckige Wohnbauten in Zeilenbauweise – für insgesamt 15 000 Bewohner mit mittlerem Einkommen. Längs der Argentinischen Allee verband Taut 31 Einheiten zu einer langen, durch Vor- und Rücksprünge gegliederten Häuserwand (»Peitschenknall«). Typisierung und der Verzicht auf jegliches Ornament hielten die Kosten niedrig. Hauptgestaltungsmittel ist die bunte Farbgebung.

**Haus Freudenberg**, *Potsdamer Straße 48*

Das großzügige, 1907/08 von **Hermann Muthesius** erbaute Landhaus in Zehlendorf ist eine zweiflüglige Anlage mit einer ovalen, zum Garten hin geöffneten Halle im Zentrum. Von der Einfahrt her wirkt das Haus auf den ersten Blick symmetrisch, doch war der Grundriss, vor der Unterteilung in kleinere Wohnungen, nach dem Vorbild englischer Landhäuser recht frei gestaltet, was sich auch in der Rückfront widerspiegelt. Mit seiner Backsteinfassade und dem geraden Fachwerkgiebel besitzt es einen ganz anderen Charakter als Muthesius' eigenes, fast gleichzeitig entstandenes Landhaus auf dem Nachbargrundstück 49a.

Alfons Anker (1925–28) und das *Haus Bejach* (1926/27 von Erich Mendelsohn, Bernhard-Beyer-Straße 12), das an Frank Lloyd Wrights »Präriehäuser« erinnert. Die Siedlung Onkel Toms Hütte provozierte einen Gegenentwurf der Baugenossenschaft GAGFAH: die unmittelbar südlich angrenzende Versuchssiedlung Am Fischtal. 1928/29 entstanden unter Leitung von Heinrich Tessenow und unter Beteiligung von Hans Poelzig, Mebes & Emmerich u.a. Ein- und Mehrfamilienhäuser mit Steildächern, Sprossenfenstern, Klappläden und symmetrischen Fassaden. • Weitere interessante Bauten in Tempelhof, Neukölln und Treptow: Das *Druckhaus Ullstein* (Mariendorfer

**Flughafen Tempelhof**, *Platz der Luftbrücke*

Das größte Gebäude Europas entstand 1936-41 für den damals verkehrsreichsten Flughafen des Kontinents (Architekt: **Ernst Sagebiel**). Die viertelkreisförmige Bürobebauung am Platz der Luftbrücke, einst Hauptverwaltung der Lufthansa, öffnet sich in der Symmetrieachse der Anlage mit einem tiefen Ehrenhof zum Empfangsgebäude, dem die 400 Meter lange, stützenfrei überdachte Flugsteighalle vorgelagert ist. Zu beiden Seiten schließen sich unmittelbar die Hangars an, sodass sich ein 1230 Meter langer geschwungener Baukörper ergibt. Gegliedert und monumentalisiert wird er durch blockhafte Treppenhaustürme im Abstand von jeweils 70 Metern.

**Hauptwerkstatt der BSR**, *Ringbahnstraße 88-124*

**Josef Paul Kleihues** stellte in der 1969-78 erbauten Anlage den althergebrachten Werkstattablauf auf den Kopf, indem er die technischen Einrichtungen und die Servicebereiche ins Innere der Anlage zog und den Werkstattbereich außen herum legte. Das langgestreckte dreischiffige Gebäude endet auf der einen Seite in einem Halbkreis; ein Verwaltungsgebäude am anderen Ende blieb unverwirklicht. Der Außenbau basiert auf der schlichten Reihung eines Grundelements, das sich aus den Standplätzen der Fahrzeuge erklärt. Die Flächen zwischen den Betonstützen, im unteren Bereich Rolltore, sind vollständig mit getöntem Glas geschlossen und gerastert.

**Hufeisensiedlung Britz**, *Lowise-Reuter-Ring u.a.*

Die Großsiedlung Britz, nach der zentralen, als politisches Manifest verstandenen Baugruppe »Hufeisensiedlung« genannt, entstand 1925-33 nach Plänen von **Bruno Taut**. Ihre über 1000 Wohnungen sind nach nur vier Grundrisstypen standardisiert. Alle Bauten sind zu Zeilen gereiht, den Einfamilienhäusern ist jeweils ein Mietergarten zugeordnet. Durch Vor- und Rücksprünge einzelner Baukörper, platzartige Erweiterungen, Reihung, Symmetrie und Wechselspiel und vor allem durch die Farbe als billigstem Gestaltungselement wird Monotonie vermieden, erhält jede Straße ihre eigenen Charakter. Der Block Stavenhagener Straße 4-32 stammt von **Martin Wagner**.

Damm 1–3), seinerzeit das größte Druckhaus Europas, ist ein beeindruckender Stahlbetonbau mit vertikal gegliederten Backsteinfassaden und einem 77 Meter hohen Turm (1925–30 von Eugen Schmohl). Die *Dorfkirche Marienfelde* ist das älteste und einzige erhaltene Berliner Beispiel einer »klassischen« märkischen Dorfkirche des 13. Jahrhunderts, die aus vier Bauteilen besteht: breitrechteckiger Westturm mit Satteldach, rechteckiger Gemeinderaum, schmalerer und niedrigerer quadratischer Chor und noch niedrigere halbrunde Apsis (Alt-Marienfelde). Das *Gutshaus Marienfelde* (Alt-Marienfelde 17) entstand 1859 durch Umbau und Erweiterung eines Bau-

**Treptowers**, *An den Treptowers 3/Elsenstraße*

Auf dem Gelände eines ehemaligen AEG-Werks entstand 1995-98 in Verbindung mit den sanierten Altbauten (1928-38) ein neuer Büro- und Dienstleistungskomplex. Sein Wahrzeichen ist der 125 Meter hohe, im oberen Teil vollständig verglaste Allianz-Turm (von **Gerhard Spangenberg**). Zu den »Treptowers« gehören auch die drei zehngeschossigen Zeilenbauten mit niedrigeren Verbindungstrakten (von **Schweger + Partner**). Die 60 Meter hohen *Twin-Towers* (Fanny-Zobel-Straße 9, 11) stammen von **Kieferle & Partner**. Das 100 Meter breite, stützenfreie Busdepot von 1929-30 (von **Franz Ahrens**) ist heute die Veranstaltungshalle *Arena* (Eichenstraße 4).

**Krematorium Treptow**, *Kiefholzstraße 221*

Wie eine große flachgedeckte Betonskulptur erhebt sich das von **Axel Schultes** 1996-98 errichtete Krematorium. Im Gegensatz zu den geschlossenen Seiten sind die Vorder- und die Rückfront zu tiefen Vorräumen aufgebrochen. Zwischen ihnen liegen, nach außen durch große Glaswände geschlossen, zwei Versammlungsräume zur Vorderseite und - zur Rückseite - die Kapelle. Das Zentrum der Anlage bildet die große Kondolenzhalle mit einem Wasserbecken in der Mitte; sie wird von unregelmäßig in den Raum eingestellten Rundstützen getragen. Belichtet wird die Halle von oben durch zwei Fugen zu den Seitenwänden hin und durch die »Lichtkapitelle« der Stützen.

**Photonikzentrum in Adlershof**, *Carl-Scheele-Straße 16*

Auf dem südlichen Teil des ersten Berliner Flughafens (Johannisthal) entsteht seit 1996 der »Wissenschafts- und Wirtschaftsstandort Berlin-Adlershof«. Zwischen den Neubauten von verschiedenen Architekten liegen die 1932-39 entstandenen Gebäude der Deutschen Versuchsanstalt für Luftfahrt. Die auffälligsten Neubauten errichteten **Matthias Sauerbruch** und **Louisa Hutton** 1996/97 für das Photonikzentrum: ein dreigeschossiger und ein niedrigerer Bau, der als Lagerhalle dient, auf »amöbenartigen« Grundrissen. Die doppelschaligen Fassaden sind in unterschiedlich große Glasfelder aufgelöst, hinter denen verschiedenfarbige Jalousien angebracht sind.

ernhauses. Das *Schloss Britz*, ein Herrenhaus mit ausgedehntem Park und Gutshof, erhielt 1880–83 seine historisierenden Formen (Alt-Britz 73). Die Großsiedlung Britz-Buckow-Rudow, deren Anlage auf Planungen von Walter Gropius basiert, entstand 1962–72 (Gesamtleitung: Wils Ebert) als durchgrünte »Stadtlandschaft« für 50 000 Einwohner. Die Geschäftszentren liegen längs der zeitgleich angelegten U-Bahnlinie 7. Von Bruno Taut stammt die »Tuschkastensiedlung« (1913–15), die Fragment gebliebene Gartenstadt Falkenberg (Akazienhof, Gartenstadtweg 15–66). • Die auf einer Insel gelegene Altstadt der mittelalterlichen Stadt Köpenick wird dominiert vom neugoti-

**Wasserstadt Rummelsburger Bucht**, *Alt-Stralau/Kynaststr.*

Seit 1996 entsteht auf dem alten Industrieareal rings um die Spreebucht eine durchgrünte Stadtlandschaft, deren Grundplan von **Klaus Theo Brenner** stammt. 1996/97 wurden nach Plänen von **Puditz + Paul** drei U-förmige, zur Spree hin geöffnete Baukörper mit Hofgärten errichtet (Hauptstraße 5-6). Vorgelagert ist ihnen die »schiefe Kita« mit schrägen holzverkleideten Wänden (von **Alsop & Störmer**). Gegenüber auf der Halbinsel Stralau baute **Herman Hertzberger** Wohnbauten mit markanten Flugdächern. Ein halbkreisförmiger Block umfängt einen denkmalgeschützten alten Speicher von 1881. Die Stadtvillen auf Stralau entwarfen verschiedene Architekten.

**Großkraftwerk Klingenberg**, *Köpenicker Chaussee 42-45*

Das seinerzeit größte Kraftwerk der Stadt entstand 1925/26. Die Schaufronten gestalteten **Walter Klingenberg** und **Werner Issel** monumental mit streng vertikal gegliederten Backsteinfassaden. Das langgestreckte Schalthochhaus ist zur Spree hin durch die enge Folge von Fensterbahnen, zur Straße hin durch acht Treppentürme rhythmisiert. Das elfgeschossige Verwaltungsgebäude ist ebenfalls ein klinkerverkleideter Stahlbau. Die acht hohen Stahlschornsteine auf den beiden Kesselhäusern im Zentrum der Anlage wurden nach 1960 durch zwei Betonschornsteine ersetzt. Die holländisch anmutende Wohnanlage Köpenicker Chaussee 34-39 entstand zur selben Zeit.

**Schloss Köpenick**, *Schlossinsel*

An der Stelle eines alten Jagdschlosses ließ der spätere König Friedrich I. 1677 durch den Niederländer **Rutger van Langerfeld** eine dreiflügelige Schlossanlage beginnen, die über den 1681 vollendeten Westtrakt aber nicht hinauskam. Die Wasserfront ist durch die Zusammenfassung von zwei bzw. in der Mitte drei Fensterachsen zu vorspringenden Risaliten blockartig gegliedert. Das Innere, heute Kunstgewerbemuseum, ist symmetrisch angelegt und wirkt mit seinen reichen frühbarocken Stuckdekorationen schwer und feierlich. Die schöne Schlosskapelle, im Innern streng mit einer dekorreichen Tonnendecke, stammt von **Arnold Nering** (1684-86).

schen *Rathaus Köpenick* von 1901–04 (Alt-Köpenick 21–29). Das *Heimatmuseum Köpenick* ist ein Fachwerkbau aus den 1660er Jahren (Alter Markt 1), die *Laurentiuskirche* ein Backsteinbau aus der Schinkelschule (1838–41 von Bernhard Butzke). Die Werksanlage der NAG (Ostendstraße 1) entstand 1915–17 nach Plänen von Peter Behrens. Eine repräsentative Anlage ist das backsteinverkleidete *DDR-Rundfunkzentrum* in der Nalepastraße 10–50 (1951–56 von Franz Ehrlich und Gerhard Probst). • Inmitten der 1976–90 errichteten größten Neubausiedlung der DDR verbirgt sich Alt-Marzahn, die vielleicht idyllischste Dorfaue von ganz Berlin. Die Großsiedlung Hellers-

**Schloss Friedrichsfelde**, *Am Tierpark 125*

Vermutlich nach Plänen von **Arnold Nering** entstand 1695 ein Landhaus für den Generaldirektor der kurfürstlichen Marine, das fünf Fensterachsen umfasste und dessen Fassade von ionischen Pilastern gegliedert war, wie noch auf der Vorderfront zu erkennen ist. 1719 wurde das Schlösschen von **Martin Böhme** um je drei Achsen zu beiden Seiten erweitert. Der zum Mittelrisaliten gewordene Kernbau wurde auf beiden Seiten durch einen großen Giebel gekrönt. Die heutigen Dreiecksgiebel stammen wie das Mansarddach aus dem frühen 19. Jahrhundert. Von der alten Inneneinrichtung blieb nur wenig erhalten. Der ausgedehnte Park beherbergt seit 1955 den Tierpark.

**Velodrom und Schwimmsporthalle**, *Paul-Heyse-Straße 26*

Die beiden Sport- und Veranstaltungshallen entstanden im Rahmen der vergeblichen Berliner Bewerbung für die Olympischen Spiele 2000 nach Plänen des Franzosen **Dominique Perrault** (1993-99). Die kreisrunde Radsporthalle und die rechteckige Schwimmhalle sind tief in den Boden eingelassen; ein aufgeschüttetes, mit Apfelbäumen bepflanztes Plateau schirmt die metallverkleideten Flachdächer gegen die Umgebung ab und lässt sie nur vom Rand des Plateaus aus überhaupt sichtbar werden. Der Haupteingang erfolgt vom S-Bahnhof aus durch eine langgestreckte Vorhalle aus nüchternem Sichtbeton. Beide Hallen sind stützenlos konstruiert.

**Schloss Niederschönhausen**, *Ossietzkystraße*

Kurfürst Friedrich III. (seit 1701 König Friedrich I.) baute die Umgebung Berlins zu einer regelrechten Residenzlandschaft aus. 1691-93 ließ er sich das etwa 30 Jahre alte Herrenhaus von **Arnold Nering** repräsentativ umgestalten, ab 1704 von **Eosander von Göthe** zu einer Dreiflügelanlage inmitten ausgedehnter Gärten erweitern. 1763/64 wurde das Schloss durch **Johann Boumann** zur heutigen Gestalt um- und ausgebaut. 1740-97 residierte hier Königin Elisabeth Christine, 1949-59 DDR-Präsident Wilhelm Pieck, seit 1965 diente es der DDR-Regierung als Gästehaus. Die künftige Nutzung ist ungewiss. Die barocke Ausstattung ist teilweise erhalten.

dorf (von 1980–90) zeigt im Vergleich zu Marzahn niedrigere Bebauung. Von Bruno Taut stammen die Wohnzeilen Trierer Straße 8–18 und Buschallee 2–23, 24–68, 71–84, 94–107 (1925–29), von Ludwig Mies van der Rohe das kleine *Haus Lemke* (1932, Oberseestraße 56–57), heute Ausstellungshaus. Ohne den kriegszerstörten Turm präsentiert sich heute der prächtige Zentralbau der *Schlosskirche Buch* (1731–36 von Friedrich Wilhelm Diterichs, Alt-Buch 37). Sehenswert ist – zu guter Letzt – auch die Wohnstadt Carl Legien in Prenzlauer Berg (Sültstraße u.a., 1928–30 von Bruno Taut und Franz Hillinger).

# Register der Bauwerke

# Register der Künstler und Architekten

## Die Touren auf einen Blick

- Tour 1 Alt-Berlin und Kölln S. 6–17
- Tour 2 Alte Mitte und nördliche Friedrichstadt S. 18–27
- Tour 3 Die ehemalige DDR-Stadt S. 28–31
- Tour 4 Unter den Linden S. 32–43
- Tour 5 Spandauer Vorstadt und Prenzlauer Berg S. 44–53
- Tour 6 Dorotheenstadt und Friedrich-Wilhelm-Stadt S. 54–59
- Tour 7 Spreebogen und Tiergarten S. 60–67
- Tour 8 Potsdamer Platz und Tiergartenviertel S. 68–79
- Tour 9 City-West S. 80–87
- Tour 10 Charlottenburg S. 88–95
- Tour 11 Südliche Friedrichstadt S. 96–107
- Tour 12 Kreuzberg und Friedrichshain S. 108–111

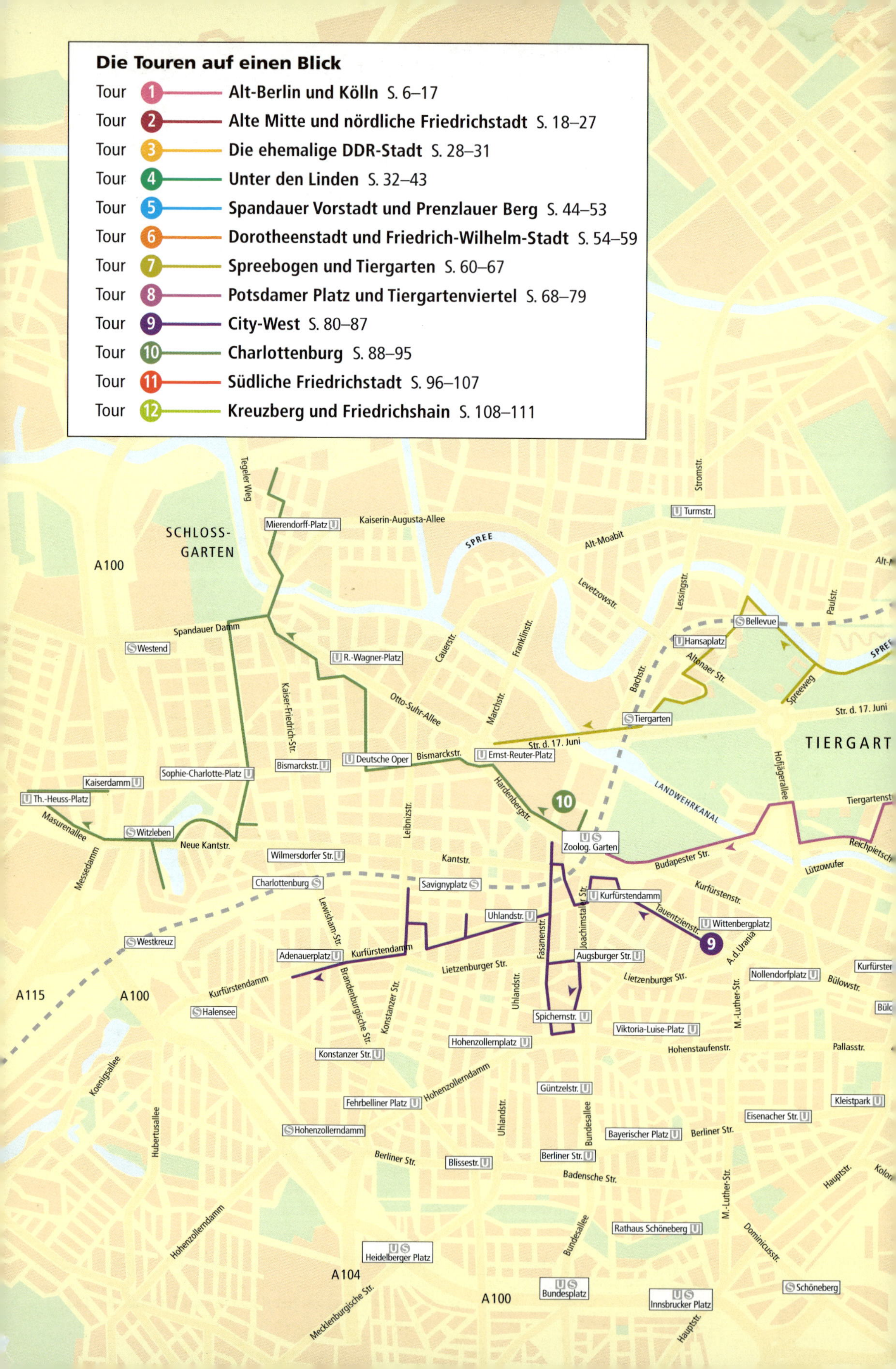